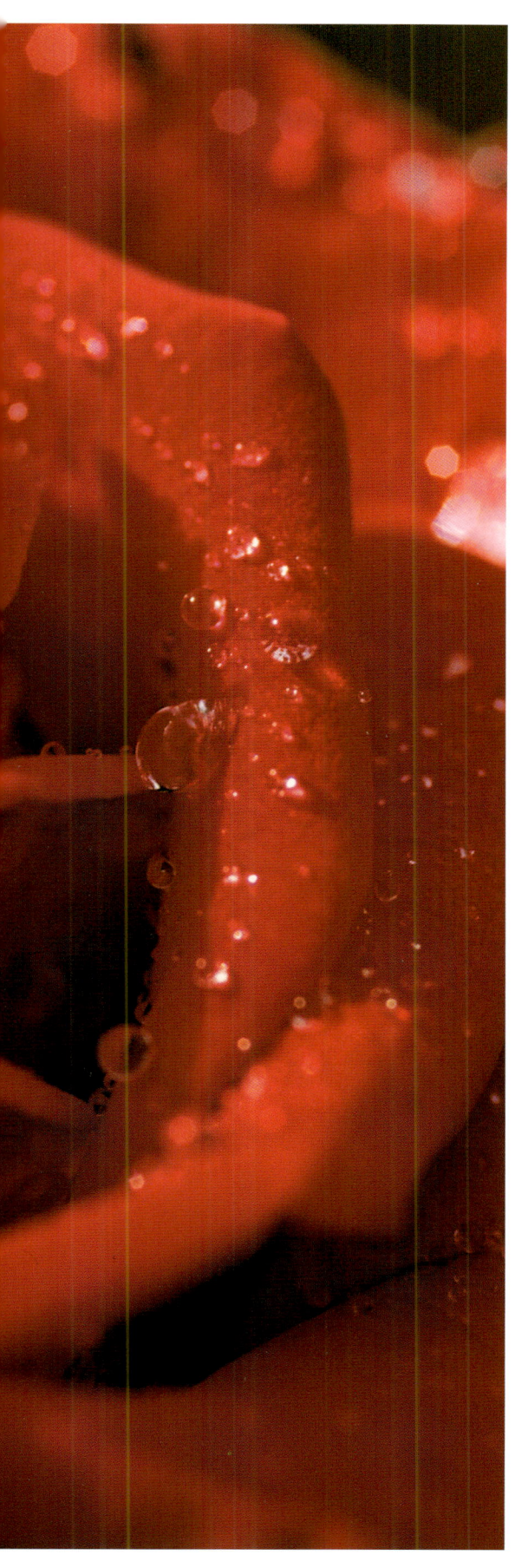

ALOIS LEUTE

Rosengarten für Einsteiger

➤ **Richtig Pflanzen und Pflegen**
Schritt für Schritt
➤ **Pflegeleichte Sorten für jeden Garten**
➤ **Gestaltungsideen mit Rosen**
und Begleitpflanzen

Über 290 Farbfotos von Ursel Borstell,
Marion Nickig, Wolfgang Redeleit, Jutta
Schneider und anderen Gartenfotografen

Illustrationen von Marlene Gemke

Inhalt

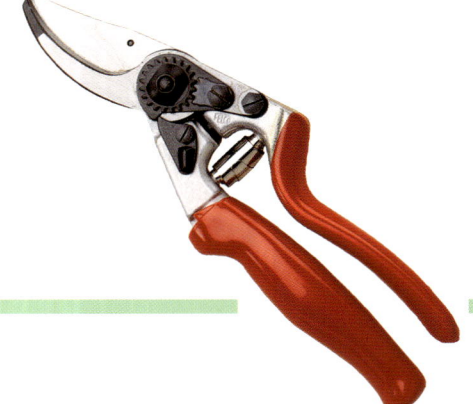

Mit Rosen gestalten

Rosen pflegen

Rosen pflegen

Das

eigene Rosenparadies

Die Rose – die Königin unter den Blumen – verwandelt jeden Garten mit ihrer Blütenpracht und ihrem herrlichen Duft in ein kleines Paradies.

Rosen sind gar nicht so schwierig zu pflegen, wie ihnen immer nachgesagt wird. Die Grundlagen für eine gute Rosenkultur sind
➤ ein optimaler Standort,
➤ die Auswahl der richtigen Sorte für den vorgesehenen Standort,
➤ eine gute Pflanzenqualität.
In der Züchtung wurde in den letzten Jahren außer auf Blütenfülle, Duft und Farbenpracht auch sehr viel Wert auf Robustheit und Gesundheit gelegt, so dass die Auswahl an geeigneten Sorten aus dem riesigen Sortiment an Strauch-, Kletter-, Bodendecker-, Stamm-, Beet-, Edel- und Zwergrosen für den Anfänger so groß ist wie noch nie (→ Porträtteil, Seite 56–99).

Der optimale Standort

Alle Rosen lieben Licht und Luft (→ Seite 12) und einen lockeren, humosen Boden (→ Seite 22/23). Für die meisten Arten und Sorten sind daher sonnige, warme Standorte mit ausreichend Platz für ungehindertes Wachstum notwendig.
Es gibt aber auch Rosen, die noch im Halbschatten gedeihen, zum Beispiel 'Dortmund', 'Bonica 82', 'Jacques Cartier' oder 'Veilchenblau'. (→ Porträtteil, Seite 56–99).

Das Wichtigste: die richtige Wahl

Damit Sie als Einsteiger ins Rosenreich einen problemlosen Start erleben, sollten Sie schon bei Auswahl und Kauf von Rosen sorgfältig vorgehen. Informieren Sie sich zuerst einmal in Versandkatalogen oder über die Internetseiten spezieller Anbieter in Ruhe über das reichhaltige Angebot und die Ansprüche der einzelnen Sorten. Baumschulen oder spezielle Rosenbaumschulen (→ Hilfreiche Adressen, Seite 150) haben sehr große Sortimente und verfügen meist auch über das notwendige Fachwissen, um Sie bei Auswahl und Standortfragen gut zu beraten. In Gartencentern erhalten Sie je nach Lieferant wechselnde Angebote der bekanntesten Sorten. Qualitätsmerkmale, auf die Sie beim Kauf achten müssen, sind vor allem gute Wurzeln, feste Triebe und eine glatte Rinde (→ Seite 18/19).

Üppige Blüten in romantischem Ambiente – ein Rosenmärchen wird wahr.

Der richtige Standort

Bei der Standortwahl sind als wichtigste Punkte zu berücksichtigen:
➤ passende Licht-, Luft- und Bodenverhältnisse
➤ Platzbedarf bzw. -angebot.

Sonne und Halbschatten

In der Natur wachsen Rosen meist an sonnigen, hellen Plätzen, zum Beispiel auf Weiden, in Hecken und an Waldrändern. Es gibt aber unter den Wildrosen auch Arten, die auf heiß-trockene Lagen oder Standorte im Hochgebirge oder in den Subtropen spezialisiert sind.

Die meisten der Kulturrosen mögen jedoch keine derart extreme Bedingungen. Für sie gilt der Grundsatz für die Standortwahl: hell und luftig!

Mehrere Stunden Sonne am Tag sorgen für gutes Wachstum und reiche Blütenfülle. Der Pflanzplatz sollte aber nicht zu heiß werden.

Es gibt auch einige Sorten (→ Porträtteil), die sich selbst für halbschattige Lagen, zum Beispiel im Streulicht von entfernt stehenden Gehölzen oder an nicht zu dunklen, nordwestseitigen Mauern eignen.

➤ Vermeiden Sie exponierte Südlagen! Vor allem an Hauswänden und vor Mauern kommt es oft zu Hitzestaus, was den Befall mit Schädlingen und Krankheiten fördert.

➤ Pflanzen Sie aus diesem Grund auch nicht direkt neben oder in feste Bodenbeläge wie Platten oder Pflaster. Dunkle Flächen, zum Beispiel Asphalt, speichern viel Wärme, helle reflektieren das Sonnenlicht auf die empfindlichen Unterseiten der Blätter.

Ausreichend Luft

Eine gute Luftzirkulation fördert das schnelle Abtrocknen der Rosen nach Niederschlägen und vermindert somit auch die Anfälligkeit gegen Schadpilze wie den Sternrußtau.

➤ Halten Sie daher bei der Kombination der Rosen mit Stauden und Gehölzen genügend Pflanzabstand ein, um stehende Luft zwischen den Pflanzen zu vermeiden.

➤ Achten Sie darauf, dass beim Befestigen von Kletterrosen an Wänden ein genügend großer Abstand zur Wand besteht, damit Luft zirkulieren kann.

Wildrosen
Die Kartoffelrose (*Rosa rugosa*) verträgt auch salzige Böden an Straßen oder in Meeresnähe.

Bodenbeschaffenheit

Sehr wichtig für das Gelingen einer Rosenpflanzung sind die Beschaffenheit des Bodens und damit zusammenhängend die Wasserverhältnisse am gewählten Standort.

Rosen wachsen prinzipiell auf den meisten Böden noch ganz gut, wenn man die richtigen Sorten wählt. Sie lieben aber tiefgründige, nährstoffreiche, sandig-lehmige Böden mit genügend Humusanteil in der oberen Schicht.

➤ Ungeeignet sind vor allem stark verdichtete Böden, zum Beispiel schwere und staunasse Tonböden.

Verdichtungen findet man oft bei Gartenneuanlagen, wenn die Böden bei feuchter Witterung mit schweren Maschinen befahren wurden. Hier hilft nur das tiefgründige Lockern sowie eine Bodenverbesserung mit geeigneten Mitteln (→ Seite 22/23).

➤ Ebenfalls ungünstig sind stark durchlässige Böden mit wenig Wasserspeichervermögen, wie es zum Beispiel bei reinen Sandböden vorkommt. Hier leiden die Rosen dann oft unter Trockenstress und Nährstoffmangel. Abhilfe schafft eine Bodenverbesserung mit wasserspeichernden Substanzen wie Tonmineralen und Humusstoffen.

Platzbedarf

Beim Kauf sind Rosenpflanzen (vor allem wurzelnackte Rosen) noch sehr klein, so dass man leicht verleitet wird,

Sorgfältiges Pflanzen und Pflegen sind wichtige Schritte auf dem Weg zum eigenen Rosenparadies.

zu viele oder die falschen Sorten für den vorgesehenen Standort im Garten zu erstehen. Vergleichen Sie daher den vorgesehenen Pflanzplatz, die Wuchseigenschaften und den Verwendungszweck der gewünschten Rosen ganz genau. Soll die Rose einen Einzelstand bekommen? Benötigen Sie flächendeckende Rosen? Muss eine Wand be-

grünt oder ein Gartenteil abgetrennt werden?

➤ Zu dichter Stand führt dazu, dass sich die Pflanzen gegenseitig bedrängen, was zum einen der Gesundheit schadet, andererseits auch meist nicht schön aussieht.

➤ Müssen Rosen, vor allem Strauchrosen, dann später aus Platzmangel stark

beschnitten werden, so schadet das in der Regel der schönen Wuchsform.

➤ Halten Sie daher von Anfang an genügend Abstand und füllen Sie anfängliche Lücken zwischen den Rosen lieber mit Sommerblumen (→ Seite 126/127) oder kurzlebigen Stauden (→ Seite 126/127), statt zu eng zu pflanzen.

Querverweise
Den Boden vorbereiten
Seite 22/23

Gut gewählt ist halb gepflegt

Wenn Sie den zukünftigen Standort ausgesucht haben und wissen, zu welchem Zweck Sie die Rosen im Garten einsetzen möchten, geht es ans Auswählen und Kaufen.

Wo kaufen?

Sie können Ihre Rosen entweder vor Ort in Baumschulen, in Gartencentern oder beim jeweiligen Züchter kaufen. Sie können sie sich aber auch per Postversand von Versand-Rosenschulen zuschicken lassen.

Werden die Rosen von Ihren örtlichen Baumschulen selbst angezogen, so hat das den Vorteil, dass die Pflanzen an das Klima und die Bodenverhältnisse Ihrer Region gewöhnt sind. Hier werden Sie in der Regel auch sehr gut beraten.

Angebotsformen

Rosen sind in unterschiedlichen Angebotsformen im Handel.

➤ **Wurzelnackte Rosen** sind Pflanzen ohne Erdballen am Wurzelstock – sie sind also quasi nackt. Sie werden nur im Spätherbst und zeitigen Frühjahr angeboten. Sie sind dann in ihrer Ruhezeit, also im Winterzustand, und ohne Laub. Die nackten Wurzeln sind sehr empfindlich gegen Austrocknen und Frost, daher sollten Sie die gekaufte Ware schnell pflanzen.

Ist das nicht möglich, dann stellen Sie die Rose im Garten oder in einem Ei-

mer provisorisch bis zur Hälfte der Triebe in feuchte Erde.

➤ **Verpackte wurzelnackte Rosen** werden zu den Hauptpflanzzeiten immer häufiger in Gartencentern oder Supermärkten angeboten. Hier sind die Wurzeln in Folienbeuteln oder Kunst-

So sieht eine wurzelnackte Rose guter Qualität aus.

stoffbehältern verpackt, die mit Feuchtigkeit speicherndem Material gefüllt sind (→ Seite 19). Die oberirdischen Triebe sind manchmal durch einen Wachsüberzug vor dem Austrocknen geschützt, den Sie nicht entfernen sollten. Er blättert mit der Zeit von selbst ab.

➤ **Containerrosen** werden fast das ganze Jahr über angeboten. Sie sind in

der Regel zwar teurer als wurzelnackte Rosen, dafür bietet der gut durchwurzelte Topfballen aber bessere Startbedingungen. Außerdem kann man beim Kauf im Sommer die Blütenfarbe sehen und den Duft riechen. Containerrosen eignen sich auch hervorragend für Topf- und Kübelpflanzungen auf Balkon und Terrasse.

➤ **Wurzelballierte Rosen** gibt es noch nicht so lange. Bei dieser Angebotsform sind die Wurzeln mit Erde umgeben und stecken in einem Netz mit Folienbeutel oder in einem Topf aus Karton. Der Folienbeutel muss beim Pflanzen entfernt werden, Netz oder Karton können am Wurzelballen verbleiben, da sie nach der Pflanzung verrotten. Das hat den Vorteil, dass die Wurzeln beim Pflanzen nicht mehr gestört werden.

Wurzelechte Rosen

Wurzelechte Rosen werden nicht durch Veredlung, sondern über Stecklinge vermehrt (→ Seite 16). Sie sind meist mit kleinen Topfballen oder als Wurzelware im Handel erhältlich und haben gegenüber den veredelten Sorten folgende Vorteile:

➤ Sie bilden keine Wildtriebe.

➤ Sie sind überdurchschnittlich frosthart und widerstandsfähig.

➤ Ein Sommerschnitt ist nicht erforderlich, ein Rückschnitt im Winter ist nicht jedes Jahr notwendig.

Markenbaumschulen und spezielle Rosenbaumschulen führen ein großes Sortiment an guten Rosensorten.

➤ Man kann sie als Containerrose in relativ kleinen Gefäßen kultivieren, da sie nicht die lange Bewurzelung der Unterlage von veredelten Rosen haben.

Güteklassen

Der Bund deutscher Baumschulen (BdB) hat die Qualitätsmerkmale von Rosen festgeschrieben und in Güteklassen (→ Seite 18) eingeteilt, die in ganz Europa anerkannt sind. Achten Sie beim Kauf darauf, dass Sie Qualitätsware der Güteklasse A oder B erhalten, vermeintlich günstige Sonderangebote minderer Qualität lohnen sich nicht.

Das ADR-Prädikat

Diese Auszeichnung bekommen Rosen, die die »Allgemeine Deutsche Rosenneuheitenprüfung« bezüglich ihrer Gesundheit und Widerstandskraft erfolgreich durchlaufen haben.

Diese Prüfung wurde 1950 zum ersten Mal durchgeführt, aber erst seit 1985 hat unter den Prüfungskriterien die Widerstandsfähigkeit mehr an Bedeutung gewonnen. Das heißt, dass ältere ADR-Prädikate bezüglich der Krankheitsresistenz nicht unbedingt aussagekräftig sind.

In diesem Zusammenhang wären Sortenempfehlungen für einzelne Regionen sinnvoller als bundesweite, da Sorten, die zum Beispiel im Weinbaugebiet gut funktionieren, in regenreichen Hochlagen durchaus versagen können. Außerdem kann man beobachten, dass bestimmte Sorten im Lauf der Zeit abbauen, das heißt ihre guten Eigenschaften wie Robustheit und Widerstandsfähigkeit verlieren.

Querverweise
Gute Qualität erkennen
Seite 18/19

Wie eine Rose entsteht

Kurzinformation

Anzuchttemperaturen

Aussaat: 20 °C
Steckling: 4 Wochen ca. 27 °C,
dann 21 °C

Vermehrungszeitpunkt

Veredlung: Juli

Stecklinge: Frühjahr bis
Frühsommer

Steckholz: Spätherbst

Absenker: Spätherbst und
Frühjahr

Aussaat: Frühjahr

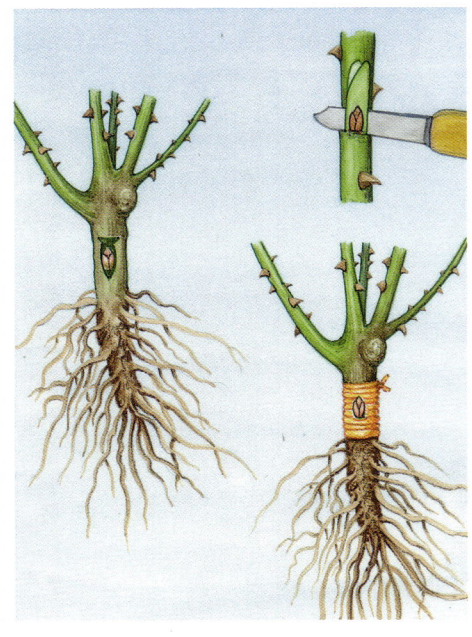

Veredlung (Okulation)

Die bekannteste, aber auch komplizierteste Vermehrungsart für Rosen ist das Veredeln. Hierbei werden im Hochsommer auf einer widerstandsfähigen Wildrosenunterlage Knospen (Augen) einer Edelsorte eingesetzt. Dazu wird die Rinde am Wurzelhals (Übergang zwischen Wurzel und Trieben) der Wildrose T-förmig eingeschnitten, der Rindenlappen etwas abgelöst und die Knospe einer Edelrose eingesetzt. Mit einem speziellen Gummibändchen oder Gartenbast wird die Veredlung dann fixiert. Die neue Pflanze besitzt die edlen Blüten der Edelrose und die Robustheit der Wildrose.

Stecklingsvermehrung

Einfacher ist die Stecklingsvermehrung, die sich vor allem für Flächen-, Wild- und Alte Rosen anbietet, die wurzelecht gezogen werden können. Dazu werden entweder im zeitigen Frühjahr Kopfstecklinge von 4–5 cm Länge oder im Sommer Teilstecklinge von weichen Trieben geschnitten. Die glatten, sauberen Schnittflächen werden mit Bewurzelungshormonen behandelt und das unterste Blattpaar entfernt. Die Stecklinge kommen bis zum nächsten Blattansatz in sandige, feuchte Anzuchterde und werden unter Folie oder im Glashaus weiterkultiviert.

*Die Vermehrung von Rosen ist nicht
ganz einfach und erfordert gärtnerisches Grundwissen
und einige Übung.*

Vermehrung durch Steckhölzer

Steckholzvermehrung ist z.B. bei einmal blühenden Kletterrosen, Topfrosen und Flächenrosen möglich. Hierzu werden im Spätherbst etwa 20 cm lange verholzte Triebstücke geschnitten. Der Schnitt erfolgt schräg und direkt oberhalb einer Knospe. Am unteren Ende wird mittig durch eine Knospe geschnitten. Nachdem alle Blätter entfernt sind, wird das Steckholz so weit in sandige Erde gesteckt, bis nur noch die oberste Knospe herausschaut. Die Bewurzelung erfolgt meist im nächsten Frühjahr.

Absenker

Die Vermehrung durch Absenker eignet sich vor allem für lang- und weichtriebige Kletter- und Strauchrosen. Im Frühjahr werden leicht verholzte Triebe zum Boden gebogen und an der Unterseite der Auflagestelle im Bereich eines Blattknotens mit einem Messer ein wenig eingeschnitten. Dieser Triebteil wird dann in eine Vertiefung gelegt, die mit lockerer Erde gefüllt ist, leicht überdeckt und das Ganze mit einem Haken aus Metall oder Holz im Boden fixiert. Haben sich im kommenden Jahr Wurzeln gebildet kann der Trieb von der Mutterpflanze getrennt und verpflanzt werden.

Aussaat

Die Aussaat wird meist nur bei der Züchtung und für Wildrosen praktiziert und ist eine aufwändige und langwierige Sache, da die Samen meist nicht sofort keimen. Im Herbst werden reife Hagebutten geerntet und die Samen aus dem Fruchtfleisch gelöst. Durch mehrwöchiges Lagern in feuchtem Torf bei etwa 21 °C und danach etwa 3–4 Wochen bei minus 4,5 °C, wird die Keimhemmung der Rosensamen aufgebrochen. Danach erfolgt die Aussaat in Torf-Sand-Gemisch (1:1). Nach der Keimung werden die Sämlinge bald vereinzelt (pikiert) und möglichst hell bei 15–20 °C aufgestellt.

Expertentipp
*Diese Vermehrungsart kann auch
der Laie leicht ausführen.*

Querverweise
*Rosen kulinarisch
Seite 146/147*

Gute Qualität erkennen

Gütebestimmungen

Wurzelnackte Buschrosen – Güteklasse A

In dieser Kategorie müssen wurzelnackte Rosen ein gut verzweigtes Wurzelwerk und drei kräftige Triebe aufweisen, zwei davon müssen aus der Veredlungsstelle entspringen.

Wurzelnackte Buschrosen – Güteklasse B

Rosen dieser Güteklasse müssen ebenfalls ein gut verzweigtes Wurzelwerk, jedoch nur zwei Triebe aufweisen, die allerdings beide aus der Veredlungsstelle entspringen müssen.

Wurzelnackte Stammrosen – Güteklasse A

Hier muss die Krone drei kräftige Triebe aufweisen, die aus mindestens zwei Veredlungsstellen entspringen. Ein stabiler, gerader Stamm mit mindestens 9 mm Durchmesser unter der Veredlungsstelle ist ebenso notwendig wie ein gut ausgebildetes Wurzelwerk.

Wurzelnackte Stammrosen – Güteklasse B

Für diese Kategorie reichen eine Veredlungsstelle in der Krone und ein gut entwickeltes Wurzelsystem aus.

*Sparen Sie nicht am falschen Platz –
gute Ware hat zwar ihren Preis, ist aber auf Dauer
eine lohnende Investition.*

Sonstige Qualitätsmerkmale

Wurzelnackte Rosen

Sie sollten noch keine langen Austriebe, aber gut sichtbare Knospen haben. Die Wurzeln sollten innen weiß sein (mit Fingernagel ankratzen). Die Rinde sollte glatt und prall sein und nicht schrumpelig aussehen.
Setzen Sie diese Rosen nicht lange dem Wind oder der Sonne aus, da die Wurzeln sehr empfindlich sind.

In Folienbeutel verpackte, wurzelnackte Rosen

In Folienbeutel verpackte, wurzelnackte Rosen, die bereits ausgetrieben haben, sind nicht zu empfehlen, da die Triebe meist sehr empfindlich sind und nach dem Pflanzen absterben. Meiden Sie ebenfalls Exemplare, bei denen das Füllmaterial im Beutel sehr trocken aussieht. Das verdunstungshemmende Wachs, mit dem die oberirdischen Triebe manchmal überzogen sind, brauchen Sie nicht zu entfernen, denn es fällt nach einiger Zeit von allein ab.

Wurzelballierte Rosen

Hier stören eventuell vorhandene Austriebe und Blätter nicht, da die Rosen ja einen Wurzelballen haben und gleich nach der Pflanzung weiterwachsen.
Der feuchtigkeitshaltende Folienbeutel muss vor dem Pflanzen entfernt werden. Netz oder Karton können am Ballen bleiben, da dieses Material nach der Pflanzung im Boden verrottet.

Containerrosen

Sie müssen einen gut durchwurzelten Ballen haben. Heben Sie die Rose also vor dem Kauf kurz aus dem Container und prüfen Sie die Ballenfestigkeit: Fällt die Erde leicht ab, dann ist die Rose zu frisch getopft, solche Containerpflanzen sollten Sie nicht kaufen. Bei schon ausgetriebenen Exemplaren sollten Sie auf gesundes Laub ohne Schädlingsbefall und auf eine gute Verzweigung der Pflanze achten.

Rosen pflanzen

*Rosen richtig zu pflanzen
ist nicht schwierig, wenn Sie hierbei einige wichtige
Punkte beachten.*

Mit der Pflanzung beginnt Ihr Rosenparadies konkrete Formen anzunehmen. Planen Sie gut und widmen Sie dieser Aufgabe genügend Zeit und Aufmerksamkeit – die Rosen danken es Ihnen mit gutem Wachstum und üppiger Blütenfülle.

Auf den Boden kommt es an

Der Boden ist die sprichwörtliche Grundlage jeder gärtnerischen Tätigkeit. Er bietet den Pflanzen mit ihren Wurzeln Halt und dient als Nährstoff- und Wasserspeicher. Nicht nur die gründliche Bodenvorbereitung vor dem Pflanzen, sondern auch die spätere Bodenpflege sind Grundlagen für ein gutes und gesundes Wachstum. Einfache Maßnahmen wie Bodenlockerung, Bodenverbesserung und natürliche Düngung halten das Bodenleben aktiv und gesund.

Richtig pflanzen

Wurzelnackte und wurzelballierte Rosen werden im Frühjahr (März/April) oder im Spätherbst (Oktober/November) gepflanzt. Die Erde muss auf jeden Fall frostfrei und darf nicht staunass sein. Im Herbst gepflanzte Rosen können bei noch milder Witterung schon feine Haarwurzeln ausbilden und haben gegenüber im Frühjahr gepflanzten Rosen einen gewissen Wachstumsvorsprung.

In Containern vorgezogene Rosen können auch im Sommer gepflanzt werden, da sie im Topf einen gut durchwurzelten Ballen ausbilden, der ohne Schädigung der Wurzeln um- und eingepflanzt werden kann. Falls Sie allerdings größere Stückzahlen benötigen, sollten Sie lieber auf die preiswertere wurzelnackte Ware ausweichen.

Mobile Rosen

Sie haben keinen Garten, aber vielleicht eine Terrasse oder einen Balkon? Auch hier müssen Sie nicht auf den Rosenzauber verzichten, denn der Handel bietet ein großes Sortiment von Rosensorten an, die für Kübel und Töpfe gut geeignet sind (→ 142/143). Containerrosen bieten sich für diesen Zweck geradezu an.

*Containerrosen können fast das
ganze Jahr und auch in blühendem
Zustand gepflanzt werden.*

Den Boden vorbereiten

Bevor Sie mit dem Pflanzen beginnen, sollten Sie sich zunächst über die Beschaffenheit des Bodens am vorgesehenen Pflanzplatz informieren.

➤ ist er nährstoffreich oder -arm
➤ humos oder mineralisch
➤ sauer oder basisch (pH-Wert)
➤ locker oder verdichtet
➤ lehmig-tonig oder sandig

Der ideale Rosenboden

Ideal für Rosen ist ein humoser, sandiger Lehmboden. Er sollte tiefgründig und gut durchlässig sein. Der pH-Wert sollte sich zwischen 5,5 und 7 bewegen, das heißt, der Boden sollte leicht sauer bis neutral sein. Wichtig ist, dass sich auch in tieferen Bereichen keine undurchlässigen Schichten befinden, sie könnten nämlich Staunässe verursachen und die Rosen an einer tieferen Durchwurzelung hindern.

Prüfen der Bodenbeschaffenheit

Prüfen Sie den Boden zunächst mit den Augen und den Fingern.

➤ Die Farbe des Bodens weist auf den Humusgehalt hin. Je dunkler der Boden ist, desto humusreicher und lockerer ist er.

➤ Beim Zerreiben einer Bodenprobe zwischen den Fingern können Sie feststellen, ob der Boden klebrig oder eher körnig ist. Klebriger Boden enthält Ton. Er hat eine sehr dichte Struktur, ist schwer, eher undurchlässig, ist da-

her schlecht durchlüftet und neigt zur Staunässe. Körniger Boden enthält Sand, ist leichter und wasser- und luftdurchlässig, kann aber Wasser und Nährstoffe nicht gut speichern.

Zur genauen Nährstoffanalyse müssten Sie eine Bodenprobe entnehmen und an ein staatliches oder privates Institut für Bodenkunde einschicken.

Bodenvorbereitung

Die Wurzeln der Rosen sind sehr sauerstoffbedürftig, daher steht bei der Bodenvorbereitung die Lockerung des Bodens an erster Stelle. Beim Lockern können Sie auch gleich geeignete Bodenverbesserungsmittel mit einarbeiten.

➤ Zur Bodenverbesserung schwerer Böden eignen sich Sand, Splitt, Lavagrus, Steinmehl und Kompost. Organi-

sche Stoffe wie Kompost sollten Sie allerdings nicht tiefer als 40 cm einbringen, damit sie vollständig zersetzt werden können.

➤ Für leichte Böden verwenden Sie am besten Kompost, Tonminerale wie Bentonit und Urgesteinsmehle. Bentonit erhöht die Wasserhaltekraft sehr stark, Kompost regt das oft sehr arme Bodenleben dieser Böden an.

➤ Als ungeeignet zur Bodenverbesserung haben sich torfhaltige Substrate erwiesen, da sie auf die Bodenstruktur keine nachhaltig positive Wirkung haben.

➤ Sehr beliebt ist Mist als Rosendünger. Er sollte aber gut abgelagert sein und leicht in die Erdoberfläche eingearbeitet werden.

➤ Achten Sie auch darauf, dass der Boden unkrautfrei ist. Vor allem Wurzelunkräuter wie Giersch und Quecke sollten Sie vor dem Pflanzen sorgfältig entfernen, da dies nach der Pflanzung zwischen den stacheligen Trieben sehr schwierig und manchmal auch schmerzhaft ist.

Gründüngung

Gründüngungspflanzen, die Sie im Jahr vor der Rosenpflanzung aussäen, bedecken zum einen den kahlen Boden und verhindern so starkes Austrocknen und Verdichtung der Oberfläche durch Niederschläge. Zum andern durchwurzeln sie die oberen Bodenschichten,

Düngung beim Pflanzen
Langsam wirkende Dünger wie Hornspäne können Sie gleich mit ins Pflanzloch geben.

Mit Hilfe von Lackmuspapier oder Indikatorstäbchen können Sie den pH-Wert leicht selbst ermitteln.

verbessern dadurch die Bodenstruktur und aktivieren das Bodenleben.

➤ Durch Ansaat der Hohen Studentenblume (*Tagetes erecta*) kann man gleichzeitig schädliche Nematoden (Fadenwürmer oder Wurzelälchen) vertreiben.

➤ Ölrettich (*Raphanus oleiformis*) dagegen wurzelt sehr tief und lockert dadurch auch verdichtete Böden gut auf.

➤ Bienenfreund (*Phacelia*) ist eine ausgezeichnete Bienenweide und verrottet nach dem Absterben im Winter sehr schnell.

➤ Schmetterlingsblütengewächse (*Leguminosen*) wie Klee oder Wicken reichern den Boden mit Stickstoff an.

Bodenmüdigkeit

Pflanzt man Rosen auf Standorte, auf denen früher schon Rosen wuchsen, so kümmern sie oft.

Diese so genannte Bodenmüdigkeit (auch als Nachbaukrankheit bekannt), ist ein noch nicht geklärtes Phänomen. Angenommen wird unter anderem der Einfluss von Nematoden, die die Feinwurzeln der Rosen schädigen.

➤ Heben Sie für Einzelexemplare den Boden wenigstens so weit aus, dass die Wurzeln der neuen Rose ganz von frischer Erde umgeben sind.

➤ Positiv soll sich auch das Einarbeiten von gut verrottetem Pferdedung auswirken.

➤ Containerrosen eignen sich aufgrund ihres schon ausgebildeten Wurzelsystems besser für eine Nachpflanzung als wurzelnackte Rosen.

➤ Bei großen Rosenbeeten hilft allerdings nur ein kompletter Bodenaustausch bis in ca. 70 cm Tiefe.

Expertentipp
*Gründüngungspflanzen abmähen
bevor sie sich aussäen können.*

Querverweise
*Der richtige Standort
Seite 12/13*

Wurzelnackte Rosen pflanzen

Kurzinformation

Werkzeug

Spaten
Grabegabel
Rosenschere
Gießkanne oder Gartenschlauch
Eimer zum Wässern

Material

Kompost
Sand
zusätzliche Gartenerde zum
Anhäufeln
Hornspäne

Zeitpunkt

Später Herbst, solange der
Boden frostfrei ist

Frühling, solange wurzelnackte
Rosen erhältlich sind

Zeitaufwand

ca. 20–30 Minuten
pro Pflanze

Pflanzloch vorbereiten

Heben Sie ein Pflanzloch mit einem Durchmesser von ca. 40 cm und etwa 1 1/2 Spatentiefe aus. Lockern Sie die Sohle des Pflanzlochs gründlich mit einer Grabegabel auf, um einen guten Wasserabzug zu gewährleisten. Zerkleinern Sie den ausgehobenen Boden und mischen ihn bis zu 30% mit Kompost (bei schweren Böden zusätzlich auch mit Sand). Als Startdüngung können Sie noch eine Handvoll Hornspäne oder Knochenmehl dazugeben.

Rose zum Pflanzen vorbereiten

Wurzelnackte Rosen müssen vor der Pflanzung über Nacht in einem Eimer mit Wasser gut gewässert werden (Bild oben). Kontrollieren Sie die Wurzeln und entfernen Sie verletzte und abgestorbene Teile. Kürzen Sie alle Wurzeln leicht ein, um die Bildung neuer Faserwurzeln anzuregen (Bild unten). Bei Frühjahrspflanzung müssen Sie die oberirdischen Triebe bei wurzelnackten und wurzelballierten Rosen auf 15–20 cm zurückschneiden. Bei Herbstpflanzung werden die Triebe erst im darauf folgenden Frühjahr nach dem Abhäufeln geschnitten.

Da das Wurzelwachstum schon bei relativ niedrigen Temperaturen beginnt, liegt die beste Pflanzzeit für wurzelnackte Rosen im Herbst.

Rose einsetzen

Die Veredlungsstelle der Rose, die sich am Übergang der Triebe zu den Wurzeln befindet, muss beim Einpflanzen etwa 5 cm unter der Erdoberfläche sitzen (Bild oben). Dadurch ist sie vor Frost geschützt, und die Wildlingsunterlage wird weniger zum Austrieb angeregt. Pflanzen Sie die Rose nicht tiefer, da sich sonst die Edelsorte von der Unterlage »frei machen« könnte, d.h. selber Wurzeln bildet.
Breiten Sie die Wurzeln locker aus. Sie dürfen nicht geknickt werden oder nach oben zeigen und müssen auf allen Seiten genügend Platz haben.

Erde auffüllen und wässern

Füllen Sie das Pflanzloch nun zu 3/4 mit der vorbereiteten Erde, bis die Rose genug Stand hat. Drücken Sie dann die Erde um die Wurzeln vorsichtig mit den Händen fest (Bild links unten).
Wässern Sie die Rose danach durchdringend mit der Gießkanne oder dem Schlauch (Bild oben). So verhindern Sie einerseits ein Verschlämmen der späteren Erdoberfläche und erreichen andererseits einen guten Bodenschluss, d. h. eventuelle Hohlräume um die Wurzeln schließen sich mit Erde.

Anhäufeln

Drücken Sie die Erde nach dem Wässern nochmals leicht an und häufeln Sie die Rose nun mit Erde so weit an, dass nur noch die Triebspitzen herausschauen. Dies schützt die Wurzeln bei Frühjahrspflanzung vor Austrocknung, bei Herbstpflanzung vor Frost. Verwenden Sie zum Anhäufeln keinen Torf. Er speichert zu viel Nässe und eignet sich nach dem Abhäufeln nicht zur Bodenverbesserung. Abgehäufelt wird bei Herbstpflanzung im April, bei Frühjahrspflanzung, sobald die neuen Triebe gut sichtbar sind.

Expertentipp
Tauchen Sie die Wurzeln vor dem Pflanzen in einen dünnen Lehmbrei.

Querverweise
Rosenporträts Seite 56–99

Container- und Hochstamm-rosen pflanzen

Kurzinformation

Werkzeug

Spaten
Grabegabel
Rosenschere
Vorschlaghammer für den
Rosenpfahl
Gießkanne oder Gartenschlauch

Material

Kompost
Sand
evtl. Hornspäne
Pfahl
Kokosstrick

Pflanzzeit

**Containerrosen: fast ganzjährig
bei frostfreier Witterung**

**Hochstammrosen: abhängig
davon, ob Container- oder
wurzelnackte Ware**

Zeitaufwand

**pro Containerrose
ca. 20–30 Minuten**

**pro Hochstammrose
ca. 45–50 Minuten**

Containerrosen pflanzen

Vor dem Pflanzen sollten Sie den Wurzelballen gut durchfeuchten (Bild links) – Sie bekommen ihn dann auch besser aus dem Container. Sind die Pflanzen schon lange im Topf gestanden, und die Wurzeln haben sich schon an der Außenseite des Ballens entlanggewickelt, so sollten Sie versuchen, diese vorsichtig zu lockern und auseinander zu lösen, um das Einwachsen zu erleichtern.

Heben Sie das Pflanzloch in ca. doppelter Topfbreite aus, verbessern Sie dann den Aushub mit Kompost, Sand und Hornspäne. Die Aushubtiefe hängt von der Höhe des Containers und dem Sitz der Veredlungsstelle ab, die auch bei Containerrosen nach dem Pflanzen etwa 5 cm unter der Erdoberfläche sitzen soll.

Lockern Sie den Grund des Pflanzlochs und füllen Sie eventuell etwas von der Pflanzerde ein, so dass der Ballen nach dem Hineinstellen auf der richtigen Höhe steht.

Füllen Sie die restliche Erde seitlich ein, drücken Sie sorgfältig an (Bild rechts oben) und gießen Sie dann durchdringend mit Gießkanne oder Schlauch (Bild rechts unten).

*Containerrosen können Sie bei frostfreier
Witterung jederzeit pflanzen. Hochstammrosen benötigen
von Anfang an einen festen Halt.*

Pflanzloch mit Pfahl vorbereiten

Das Pflanzen der Stammrosen ähnelt grundsätzlich dem von wurzelnackten Rosen bzw. von Containerrosen, je nachdem in welcher Form Sie sie kaufen. Der Unterschied ist jedoch, dass Stammrosen als Stütze einen Pfahl benötigen, der schon vor dem Pflanzen in das Pflanzloch eingeschlagen werden muss, damit die Wurzeln nicht verletzt werden. Der Pfahl sollte so lang sein, dass er bis in die Krone der gepflanzten Rose reicht. Ein Pfahldurchmesser von 5 cm reicht aus.

Rose einsetzen

Da bei Hochstammrosen die Veredlungsstellen unterhalb der Krone sitzen und nicht oberhalb des Wurzelansatzes, müssen Sie beim Pflanzen nur darauf achten, dass die so genannte Zapfen-Schnittstelle deutlich über der umgebenden Erdoberfläche bleibt, da aus ihr sonst weitere Triebe der Wildlingsunterlage von unten hochwachsen können. Füllen Sie nun den restlichen mit Kompost und/oder Sand und Hornspäne gemischten Aushub um die Wurzeln herum ein und drücken ihn an. Gießen Sie hierbei immer wieder etwas Wasser nach (einschlämmen), damit sich die Erde gut um die Wurzeln legt.

Rose befestigen und angießen

Befestigen Sie nun das Rosenstämmchen knapp unterhalb der Krone und auf halber Länge mit Kokosstrick sorgfältig am Pfahl. Fixieren Sie das Bindematerial evtl. mit einem kleinen Nagel, damit es nicht nach unten rutschen kann. Kontrollieren Sie auch, ob die Rose senkrecht steht – noch können Sie den Stand korrigieren. Formen Sie dann mit dem restlichen Erdmaterial einen Gießrand um die Pflanzstelle. Füllen Sie diesen kleinen »Krater« am Schluss mit Wasser, und wiederholen Sie diesen Vorgang, wenn es versickert ist.

Expertentipp
*Kokosstrick in Form einer Acht
um Stamm und Pfahl binden.*

Rosen in Gefäße pflanzen

Kurzinformation

Werkzeug

Rosenschere
Haushaltsschere zum Vlies
schneiden
Gießkanne oder Gartenschlauch

Material

Pflanzgefäße
Einheitserde
Lavagrus oder Ziegelbruch
Tonscherben
Gemüsevlies
Blähton, Kies oder Ziegelbruch
als Drainagematerial

Pflanzzeit

Containerrosen: fast ganzjährig
bei frostfreier Witterung

Wurzelnackte Rosen: am besten
im zeitigen Frühjahr

Zeitaufwand

pro Pflanze ca. 30 Minuten

Rosen in Töpfen und Kübeln

Da Rosen Tiefwurzler sind, sollten Sie möglichst hohe Kübel und Töpfe verwenden. Wählen Sie die Topfgröße so, dass zwischen der Gefäßwand und dem Ballen der ausgetopften Rose allseitig 5–10 cm Platz bleiben. Bei wurzelnackten Rosen sollten die Wurzeln soviel Platz zum Kübelboden hin haben, dass sie nicht umgebogen werden müssen. Je größer die Gefäße sind, desto länger können Sie die Rosen darin kultivieren und umso geringer ist die Gefahr des schnellen Durchfrierens im Winter. Terrakottatöpfe bieten den Rosen eine gute Durchlüftung, sie trocknen aber auch recht schnell aus. Kunststofftöpfe (vor allem die schwarzen) haben den Nachteil, in der Sonne sehr schnell zu erwärmen, was für die Rosenwurzeln schädlich sein kann.

Als Pflanzsubstrat eignet sich am besten eine Mischung aus tonhaltiger Einheitserde mit Lavagrus oder Ziegelbruch oder fertige Kübelpflanzenerde. Ungeeignet sind die handelsüblichen Pflanzerden für Zimmerpflanzen oder Balkonblumen mit einem hohen Torfanteil. Sie verdichten mit der Zeit und verlieren ihr Porenvolumen.

*Auch auf Terrasse und Balkon
können in passenden Töpfen und Kübeln gehaltene Rosen
ihre Blütenpracht entfalten.*

Gefäß vorbereiten

Legen Sie auf das Abzugsloch im Topf eine Lage Tonscherben und bedecken Sie dann den Topfboden mit ca. 5 cm Drainagematerial (Blähton, Kies oder Ziegelbruch). Hierauf kommt ein wasserdurchlässiges Vlies, wie Sie es vom Gemüsegarten her zum Abdecken kennen. Dies verhindert, dass durch eingeschwemmtes Erdmaterial die Drainage verschlämmt und nachfolgend nicht mehr funktioniert.

Rose einsetzen

Füllen Sie soviel Substrat ein, dass die Veredlungsstelle später ca. 5 cm unter der vorgesehenen Topfoberfläche sitzt. Stellen Sie die ausgetopfte Containerrose bzw. halten Sie die wurzelnackte Rose mittig in den Topf und füllen Sie ringsum mit Substrat auf.
Drücken Sie das Substrat sorgfältig an, so dass keine Hohlräume verbleiben, und wässern Sie dann durchdringend. Unterlegen Sie die Gefäße mit Abstandhaltern oder sogenannten Kübelfüßen, damit der Wasserabzug noch verbessert wird.

Wässern und aufstellen

Gießen Sie zum Schluss die eingepflanzte Rose gut an und stellen Sie den Topf sonnig und luftig auf. In Töpfen und Kübeln stehende Rosen haben den Vorteil, dass Sie sie in direkte Nähe zu Ihrem Lieblingsplatz aufstellen und die Blütenpracht und den Duft »hautnah« genießen können. Achten Sie bei in Töpfen stehenden Hochstammrosen auf einen sicheren Stand und schützen Sie diese Rosen vor starkem Wind.

Expertentipp
Unterlegte Holzbrettchen verhindern im Winter das Festfrieren der Töpfe.

Querverweise
*Rosen in Töpfen und Kübeln
Seite 142/143*

Rosen gesund halten

*Auch bei der Pflege und Gesund-
erhaltung von Rosen gilt der bekannte Spruch:
Vorbeugen ist besser als Heilen.*

Sollen Ihre Rosen aus eigener Kraft Krankheiten und Schädlingsbefall widerstehen, müssen Sie außer der Wahl des richtigen Standorts und einer guten Bodenvorbereitung noch ein paar weitere Punkte beachten. Sorgen Sie deshalb für
➤ ausreichende Bewässerung,
➤ ausgewogene Nährstoffversorgung,
➤ vorbeugenden Pflanzenschutz,
➤ gute Überwinterung.

Rosen wässern

Da Rosen Tiefwurzler sind, ist in unserem Klima eine zusätzliche Bewässerung selten notwendig. Mulchen der Bodenoberfläche erhält die Bodenfeuchte länger und verhindert das Verschlämmen des Bodens bei Niederschlägen.

Rosen düngen

Eine ausgewogene Ernährung (→ Seite 32/33) verhilft den Rosen zu reicher Blüte und kräftigem Wuchs, macht sie aber auch widerstandsfähiger gegen Krankheiten. Ob Sie mineralisch oder organisch düngen, ist eher eine Glaubensfrage – beide Varianten haben ihre Anhänger und Gegner. Wichtig ist vielmehr, dass Sie mit Maß düngen, da sich eine Überdüngung sowohl auf die Rosen als auch auf das Grundwasser negativ auswirken kann.

Natürlicher Pflanzenschutz

Zwar gibt es heute weitaus mehr robuste und widerstandsfähige Sorten als noch vor einigen Jahren, ganz ohne vorbeugende Pflanzenschutzmaßnahmen (→ Seite 34–37) werden Sie aber dennoch nicht auskommen. Sie müssen hierfür aber nicht gleich an den Giftschrank gehen, denn die Natur hält einiges bereit, was der Ökologie im Garten nicht schadet.

Rosen gut überwintern

Sie können zwar durch entsprechende Pflege, Düngung und Sortenauswahl günstige Voraussetzungen für eine gute Überwinterung schaffen, doch viele Sorten benötigen – außer in sehr milden Gebieten – einen zusätzlichen Schutz vor Frost, Schneelast und Austrocknung (→ Seite 40/41).

*Der Marienkäfer und sein
Nachwuchs sind äußerst wirksame
Blattlausbekämpfer.*

Düngen, Bewässern, Mulchen

Für ein gesundes Wachstum, üppigen Blütenansatz und ausreichend Widerstandskraft benötigen Rosen wie alle Kulturpflanzen genügend Wasser und Nährstoffe.

Womit düngen?

Zu den Hauptnährstoffen gehören Stickstoff (N), Kalium (K), Phosphor (P), Magnesium (Mg) und Kalzium (Ca).

➤ **Stickstoff** ist Bestandteil des Blattgrüns und für die Triebbildung und das Wachstum zuständig. Stickstoffmangel erkennen Sie an hellgrünen Trieben und Blättern.

➤ **Kalium**, auch Kali genannt, ist wichtig für ein stabiles Gewebe und außerdem am Wasserhaushalt der Pflanze beteiligt. Kaliummangel ist an mangelhafter Laubentwicklung und Flecken am Blattrand erkennbar.

➤ **Phosphor** ist am Energiestoffwechsel beteiligt und wichtig für Blüten- und Fruchtbildung.

➤ **Magnesium** ist im Blattgrün enthalten und wichtig für die Energieversorgung. Magnesiummangel äußert sich mit gelben Flecken, die in der Blattmitte beginnen.

➤ **Kalzium**, also Kalk, reguliert den pH-Wert und damit auch die Verfügbarkeit vieler Nährstoffe.

An Düngemitteln gibt es ein breites Angebot, wobei nicht alle Düngerformen gleich gut für Rosen geeignet sind:

➤ Organisch-mineralische Volldünger, wie die handelsüblichen Rosendünger, werden mit ausgewogenen Nährstoffverhältnissen angeboten und eignen sich sehr gut für eine Grunddüngung der Rosen.

➤ Rein organische Dünger wie Kompost, Hornspäne und Mist wirken langsamer und sind außerdem gute Stickstofflieferanten. Kompost trägt neben der Nährstoffversorgung auch noch zur Bodenverbesserung bei. Stallmist sollte auf jeden Fall gut abgelagert sein.

➤ Depot- oder Langzeitdünger sind von Kunstharz umgeben und nicht salzgebunden. Sie geben die Nährstoffe über lange Zeit und temperaturab-

hängig ab (bei warmer Witterung mehr als bei kühler) und werden auch kaum ausgewaschen.

➤ Reine Mineraldünger, auch als Kunstdünger bezeichnet (zum Beispiel Blaukorn) sind wasserlöslich und salzgebunden. Sie haben zwei große Nachteile: Sie werden leicht ausgewaschen, und das Salz kann sich im Boden anreichern und den Wurzeln schaden. Mineralische Dünger sollten daher auf keinen Fall schon bei der Pflanzung von Rosen verwendet werden.

➤ Zur Behebung akuter Nährstoffmängel eignen sich Flüssigdünger (wie zum Beispiel Blattdünger) am besten. Beachten Sie aber unbedingt die auf der Packung angegebene Dosierung.

➤ Um zu wissen, was und wie viel Sie düngen müssen, sollten Sie alle paar Jahre den Boden auf seinen Nährstoffgehalt prüfen lassen.

Rosendünger

Ein geeignetes Nährstoffverhältnis ist in etwa: 9% Stickstoff, 6% Phosphor, 12% Kalium.

Wann düngen?

Im Frühjahr besteht der größte Nährstoffbedarf. Sie sollten jetzt also eine ausgewogene Grunddüngung mit allen Nährstoffen vornehmen.

Eine Nachdüngung nach der ersten Blüte kann vor allem bei öfter blühenden Sorten notwendig werden.

Ab Mitte Juli sollten Sie mit der Düngung aufhören, damit die Triebe vor dem Winter ausreifen können. Eine Gabe von 50g/qm Kalimagnesia Mitte bis Ende Juli ist hierfür sehr förderlich.

Ausreichende Wasser- und Nähr-stoffversorgung sind Voraussetzung für üppige Blütenpracht.

Bei zu niedrigem pH-Wert ist eine Düngung mit kohlensaurem Kalk zu empfehlen (50g/qm).
Falls Sie Rosendünger mit hohem organischem Anteil verwenden, so sollten Sie einen Teil des Düngers schon im Spätherbst ausbringen, da dieser dann im Frühjahr gleich verfügbar ist.

Richtig gießen

Rosen sind Tiefwurzler, die in unseren Breiten keine ständige Bewässerung benötigen.

➤ Frisch gepflanzte Rosen müssen nach der Pflanzung und im ersten Wuchsjahr gut gewässert werden, da das Wurzelsystem noch nicht ausreichend ausgebildet ist.

➤ Wässern Sie ansonsten nur in langen Trockenzeiten, da die Rosen bei regelmäßiger Bewässerung nur ein flaches Wurzelsystem ausbilden und dann sozusagen nicht auf eigenen Füßen stehen.

➤ Das Wasser nicht über die Pflanzen. sondern direkt in die Erde gießen! Verwenden Sie zum Gießen am besten eine Gießkanne ohne Brause oder einen Schlauch ohne Kopfstück.

Richtig mulchen

Als Mulchen wird das Abdecken des Bodens mit organischem Material (Rasenschnitt, abgelagertes Rindenschrot, Sägespäne, Stroh) bezeichnet.
Die Mulchschicht verhindert zum einen eine schnelle Austrocknung und Verkrustung der obersten Bodenschicht, zum andern ein Verschlämmen und Verdichten des Bodens durch starke Regenfälle. Außerdem wird durch die Mulchdecke die Keimung von Saatunkräutern deutlich reduziert.

➤ Vor dem Mulchen Unkräuter entfernen.

➤ Tragen Sie nicht zu viel auf. Eine ca. 5 cm dicke Schicht reicht aus.

➤ Verwenden Sie keine frischen Holzschnitzel oder Rinde, denn die daraus entweichenden Phenole können schädlich für Rosen sein.

➤ Bei Verwendung von Rindenschrot oder Stroh sollten Sie unbedingt vorher zusätzlich Stickstoff düngen, da beim Abbau des Mulchmaterials durch Mikroorganismen Stickstoff verbraucht wird, der den Pflanzen dann fehlen würde.

Pflanzenschutz

Der beste Pflanzenschutz ist der vorbeugende.

➤ Sorgen Sie also zuerst für optimale Lebensbedingungen für Ihre Rosen. Stimmen Standort, Düngung und sonstige Pflege, haben Sie schon einiges für die Abwehrkraft der Pflanzen getan.

➤ Vermeiden Sie anfällige Sorten! Die Wahl von widerstandsfähigen Sorten erspart Ihnen viel Ärger und Arbeit.

➤ Vorsicht vor Überdüngung! Viele Pilzkrankheiten werden durch zu hohe Stickstoffdüngung gefördert.

➤ Befallenes Laub sollten Sie immer sorgfältig entfernen und vernichten, da es zu Neuinfektionen führen kann. Also nicht auf den Kompost werfen!

➤ Beregnen Sie ihre Rosen nicht von oben, dies begünstigt den Pilzbefall, vor allem mit Sternrußtau (→ Seite 38).

➤ Trocken-heiße Standorte mit stagnierender Luft fördern den Echten Mehltau (→ Seite 38) und den Schädlingsbefall. Anfällige Sorten also nicht an heiße Mauern pflanzen, sondern an rundum belüftete Plätze.

➤ Sie können Ihre Rosen gegen Krankheiten vorbeugend mit sogenannten Stärkungsmitteln behandeln. Dazu zählen verschiedene Pflanzenauszüge (→ Seite 35/36) in Form von Tees, Brühen und Jauchen, aber auch Kieselsäureprodukte und Lecithin, die das Gewebe und die Blattoberfläche festi-

gen, sowie Algenextrakte mit Wachstum stimulierender Wirkung.

➤ Oft genügt das mechanische Entfernen von Schädlingen, vor allem bei beginnendem Befall.

➤ Sie können auch vorbeugend gegen Schädlinge abschreckende Mittel sprit-

Regelmäßige Schädlingskontrolle ist auch bei Rosen sehr wichtig.

zen. Hierzu zählen zum Beispiel Jauche aus Tomatenblättern oder ätherische Öle von Kräutern. Auch Neem-Öl hat Fraß verhindernde Wirkung.

➤ Im biologischen Pflanzenschutz wird auch mit »Pflanzenpartnerschaften« gearbeitet, das heißt, zu den Rosen werden zum Beispiel Lavendel, Knoblauch oder Tagetes gepflanzt, die Schädlinge und Krankheiten abhalten sollen.

Brühen, Jauchen, Tees

Zu den bekanntesten biologischen und leicht herzustellenden Stärkungs- und Pflanzenschutzmitteln zählen Brühen, Jauchen, Tees und Kaltwasser-Auszüge zum Beispiel aus Ackerschachtelhalm, Beinwell, Brennnessel, Knoblauch, Rainfarn oder Wermut.

➤ Bei Brühen werden die zerkleinerten Pflanzenteile in Wasser eingeweicht und aufgekocht.

➤ Bei Jauchen werden die zerkleinerten Pflanzenteile in Wasser angesetzt und mehrere Tage zum Gären stehen gelassen.

➤ Bei Tees werden die Wirkstoffe durch Überbrühen der Pflanzenteile mit kochendem Wasser und anschließendes Ziehenlassen aufgeschlossen.

➤ Bei Kaltwasser-Auszügen werden die Pflanzenteile vor der Verwendung nur kurz eingeweicht, also nicht zum Gären gebracht.

Nützliche Helfer

Tiere wie Vögel, Igel, Kröten, Spitz- und Fledermäuse, aber auch viele Insektenarten können Ihnen im Garten bei der Schädlingsbekämpfung helfen. Unter den Vögeln sind vor allem die verschiedenen Meisenarten, aber auch Grasmücken und Haussperlinge fleißige Blattlaus- und Raupenvertilger. Die bekanntesten Nützlinge aus dem Insektenreich sind Florfliegen- und

Widerstandsfähige Sorten wie 'Momo' verringern den Aufwand für Pflanzenschutz im Garten.

Schwebfliegen-Larven, Schlupfwespen und Raubmilben, sowie der Marienkäfer und seine Larven. Sie müssen allerdings ein bisschen Geduld für ihre Helfer aufbringen, denn sie wirken natürlich nicht so schnell wie ein Spritzmittel.

Spritzmittel

Als letzte Möglichkeit bleibt Ihnen natürlich die gezielte Bekämpfung mit chemischen oder biologischen Spritzmitteln.

Die Zulassung von Spritzmitteln für den Privatgebrauch wurde allerdings durch den Gesetzgeber stark eingeschränkt.

Zu den biologischen Spritzmitteln gegen Krankheiten und Schädlinge zählen zum Beispiel Mittel auf der Basis von Kalisalzen natürlicher Fettsäuren (z.B. Neudosan), Paraffinöle, Pflanzenjauchen und -brühen, sowie Mittel auf Neemöl- und Pyrethrumbasis.

➤ Achten Sie bei der Auswahl des Mittels darauf, dass es Nützlinge und Bienen schont.

➤ Beschränken Sie den Einsatz auch auf wirkliche Notfälle, übermäßiger Gebrauch fördert Resistenzen der Krankheitserreger und belastet die Umwelt.

➤ Spritzen Sie niemals in offene Blüten!

➤ Halten Sie sich genau an die Gebrauchsanweisung.

Biologische Pflanzen-schutzmaßnahmen

Kurzinformation

Werkzeug

- Pinsel oder Bürste
- Messer/Schere (Ernten)
- Waage
- Messbecher
- Kochgefäße
- Sieb
- Gärgefäße
- Pflanzen-Spritzen
- Gießkanne

Material

- Frische oder getrocknete Pflanzenteile (Brennnessel, Wermut, Zwiebelschalen, Knoblauch, Schnittlauch)
- Wasser

Mechanische Bekämpfung

Bei geringem Befall an einzelnen Pflanzen oder Pflanzenteilen können Sie z. B. Blattläuse einfach mit den Fingern oder einem festeren Pinsel abstreifen, aber auch das Abspritzen mit einem kalten Wasserstrahl kann Läuse und Raupen wirksam entfernen. Treten an einzelnen Triebspitzen oder Blättern Pilzkrankheiten wie Sternrußtau oder Mehltau auf, so können Sie durch Abschneiden dieser Teile eine weitere Ausbreitung evtl. eindämmen. Sammeln Sie auch durch Pilzbefall abgefallene Blätter sorgfältig auf und vernichten sie, da darauf oft Pilzsporen überwintern.

Vorbeugend Spritzen

Es gibt Pflanzenstoffe, die auf Insekten abschreckend wirken, sogenannte »Repellents«. Oft handelt es sich bei diesen Stoffen um leicht flüchtige ätherische Öle, aber auch um Bitterstoffe.

Wermutbrühe

Gegen Blattläuse, Kohlweißlinge und Apfelwickler hilft z.B. eine vorbeugende Spritzung mit Wermutbrühe. Kochen Sie dazu 300 g frisches oder 30 g getrocknetes Wermutkraut in 1–2 Liter Wasser auf, füllen Sie danach auf 10 Liter auf, seihen Sie ab und spritzen Sie dreifach verdünnt.

Greifen Sie bei Krankheits- oder Schädlingsbefall nicht gleich zur chemischen Keule, sondern versuchen Sie es erst einmal auf biologischem Wege.

Stärken mit Jauchen

Für Jauchen werden frische oder seltener auch getrocknete Pflanzen in kaltem Wasser eingeweicht und 2–3 Wochen zur Gärung stehen gelassen. Sie sollten während des Gärvorgangs die Jauche hin und wieder umrühren. Dabei der Gärung starke Gerüche entstehen, sollten Sie die Gärgefäße nicht gerade in Hausnähe aufstellen.

Zwiebelschalen-Jauche

Ein Pfund Zwiebelschalen in 5 Liter Wasser ansetzen und 5–7 Tage gären lassen. Vorbeugend zur Stärkung gegen Pilzkrankheiten 1:10 verdünnt spritzen.

Kaltwasserauszüge

Sie können hierfür frische oder getrocknete Kräuter verwenden, die in kaltem Regenwasser eingeweicht werden (1 bis maximal 3 Tage). Kaltwasserauszüge sind nicht so stark konzentriert wie Brühen oder Jauchen und müssen daher auch nicht so stark verdünnt werden.

Brennnessel-Kaltwasserauszug

1 kg frische oder 200 g getrocknete Brennnesseln mit 10 Liter Regenwasser ansetzen und 24 Stunden einweichen lassen. Den Auszug abseihen und unverdünnt gegen Blattläuse an 3 Tagen hintereinander spritzen.

Nützlinge einsetzen

Denken Sie auch mal an die Nützlinge in Ihrem Garten! Diese können Ihnen eine große Hilfe bei der Schädlingsbekämpfung sein. Verbessern Sie daher die Lebensbedingungen für Nützlinge im Garten z. B. durch Bereitstellung von Nisthilfen für Vögel und Insekten und Überwinterungsmöglichkeiten in Form von Laubhaufen und Hecken für Insekten und Igel.
Große Blattlausvertilger sind z. B. die Larven der Florfliege (Bild oben) und des Marienkäfers (Bild unten).

Expertentipp
Sie können Zwiebelschalen auch mit Knoblauch und Schnittlauch mischen.

Häufige Krankheiten und Schädlinge

Krankheiten

Sternrußtau

Schadbild: Violettschwarze, sich sternförmig ausbreitende Flecken auf den Blattoberseiten. Die Blätter werden nachfolgend gelb und fallen ab. Ein Befall ist vor allem im Spätsommer und Herbst bei feuchter Witterung festzustellen. Er beginnt in Bodennähe und geht von dort nach oben hin weiter.
Bekämpfung: Stärkung mit Schachtelhalmbrühe oder Neudo-Vital. Bei Befall mit Baymat (0,15%-ig) spritzen.

Echter Mehltau

Schadbild: Mehlig-weißer Belag auf Blättern junger Triebe, Kelchblättern und Blütenstielen, der zum Herbst hin grau wird. Die Blätter verkümmern und vertrocknen, die Blüten öffnen sich oft nicht richtig. Tritt vor allem bei feucht-warmer Witterung auf und wird durch starke Temperaturschwankungen und stehende Luft gefördert.
Bekämpfung: Stärkung mit Neudo-Vital oder Schachtelhalmbrühe. Bei Befall mit Paral Pilzfrei N oder Baymat (0,125%-ig) spritzen.

Falscher Mehltau

Schadbild: Beginnt meist als weißlicher Belag auf den Blattunterseiten junger Blätter und dunklen, rötlichvioletten Flecken auf den Blattoberseiten. Die Blätter vertrocknen und fallen ab. Ein Befall ist meist erst im Spätsommer festzustellen und wird durch starke Temperaturschwankungen gefördert.
Bekämpfung: Stärkung mit Knoblauch- oder Schachtelhalmbrühe und vorbeugend mit Aliette WG spritzen.

Rosenrost

Schadbild: Orangefarbene Schwielen an Blattstielen und Trieben, auf Blattunterseiten stecknadelkopfgroße gelbe, später schwarz werdende Sporenlager, blattoberseits gelblich-rötliche Flecken. Vorzeitiger Blattfall und dadurch Schwächung der Pflanze.
Bekämpfung: Stärkung mit Neudo-Vital, Knoblauch-, Schachtelhalm- oder Farnkrautbrühe. Bei Befall mit Polyram WG (0,2%-ig) spritzen.

*Rosen können von den verschiedensten
Krankheiten und Schädlingen befallen werden,
hier die häufigsten.*

Schädlinge

Blattläuse

Schadbild: Bei starkem Befall verkrüppeln die Blätter und Triebe, außerdem siedeln sich auf dem von den Läusen ausgeschiedenen Zuckersaft, dem so genannten »Honigtau«, oft Rußtaupilze an.

Bekämpfung: Mechanisch entfernen durch Abstreifen oder Abspritzen mit Wasser. Mit Farnkraut-, Wermutbrühe oder Brennnesselauszug spritzen. Bei starkem Befall Spritzung mit Neudosan Neu, Schädlingsfrei Neem oder Spruzit flüssig.

Rosenzikaden

Schadbild: Weiß gesprenkelte Blattoberseiten und vorzeitiger Blattfall. Die Schädlinge lieben trocken-warme Lagen und kommen daher vor allem bei an Mauern gezogenen Kletterrosen vor.

Bekämpfung: Zur Stärkung mit Brennnesselauszug spritzen. Winterspritzung mit Promanal neu. Bei Befall mit Neudosan neu oder Spruzit flüssig in den Morgenstunden spritzen.

Spinnmilben (Rote Spinne)

Schadbild: Bei starkem Befall erkennt man ein feines Gespinst zwischen den Pflanzenteilen, Blattoberseiten zuerst braungelb gesprenkelt, vergilben später ganz und fallen ab.

Bekämpfung: Mit Rainfarnbrühe(30 g trockenes Kraut auf 10 Liter Wasser, unverdünnt) spritzen. Winter- und Austriebspritzung mit Promanal Neu. Bei stärkerem Befall wiederholt mit Neudosan Neu oder Schädlingsfrei Neem (5ml/10qm) spritzen.

Blattwespen und Raupen

Schadbild: Allen Arten gemeinsam ist die Schädigung der Blätter und/oder der Triebe.

Bekämpfung: Befallene Blätter und Triebe sofort vernichten, Raupen und Larven ablesen, mit Farnkrautbrühe spritzen. Bei stärkerem Befall mit Schädlingsfrei Neem, Spruzit-Präparaten oder Neudorffs Raupenspritzmittel spritzen.

Rosen überwintern

Kurzinformation

Werkzeug

Hacke, Grabegabel oder Spaten
(fürs Anhäufeln)
Rosenschere (zum Reisig-
zuschneiden)
Messer
Leiter (für Kletterrosen)

Material

Reisig von Tanne oder Fichte
Jutegewebe oder Sackleinen
Noppenfolie
Styropor
Kokosfasermatten (für Topf-
rosen)
Bindematerial

Zeitaufwand

je nach Rosengröße und Übung
10–60 Minuten

Vorbeugender Winterschutz

Die Frosthärte Ihrer Rosen können Sie
im Vorfeld durch einige Maßnahmen
positiv beeinflussen:
Wählen Sie vor allem Sorten, die an
Ihr Klima angepasst sind. In besonders
winterkalten Gegenden gedeihen zum
Beispiel einmal blühende Sorten bes-
sere als öfter blühende.
Sorgen Sie für eine gute Gesundheit
Ihrer Rosen, geschwächte Exemplare
sind frostempfindlicher.
Beenden Sie die Düngung v. a. mit
Stickstoff ab Mitte Juli, damit das
Holz vor dem Winter noch aus-
reifen kann. Achten Sie beim
Pflanzen auf die korrekte
Lage der Veredlungsstelle.

Anhäufeln

Beet-, Edel- und Zwergrosen sollten
Sie unbedingt anhäufeln. Verwenden
Sie hierzu Kompost, Lauberde oder
die vorhandene Beeterde. Torf ist un-
geeignet, da er die Nässe zu stark spei-
chert. Die beste Zeit für diese Arbeit
ist ab Ende November bei frostfreiem
Boden.
Lesen Sie vorher auch abgefallenes
Laub und Blüten sorgfältig ab und
vernichten sie es (nicht auf den
Kompost geben!).
Decken Sie dann die Ro-
sen noch zusätzlich mit
Nadelholzreisig ab.

*Spielen Sie im Herbst Verpackungskünstler –
denn eine gut überwinterte Rose ist der beste Start
in ein neues Rosenjahr.*

Mit Reisig abdecken

Bei Strauch- und Kletterrosen müssen nur sehr empfindliche Sorten angehäufelt werden, ansonsten reicht eine Schattierung der Rosentriebe mit Tannenreisig aus. Dies verhindert, dass im Spätwinter, wenn die Sonne schon kräftig scheint, der Saftstrom in den Rosentrieben vorzeitig angeregt wird. Die Triebe würden sonst durch starke Nachtfröste leiden. Zu diesem Zweck sollten Sie bei Strauchrosen langes Nadelholzreisig um die Triebe stecken und bei Kletterrosen dieses dachziegelartig um die Ranken binden (Bild oben).

Stammrosen schützen

Bei Stammrosen sitzen die Veredlungsstellen am Kronenansatz, daher ist dieser Teil der Rose besonders frostempfindlich. Junge Stammrosen können Sie losbinden und vorsichtig zur Erde biegen, auf der Erde festhaken und mit Lauberde oder Gartenkompost und Tannenreisig abdecken.
Ältere Stämme sind allerdings zu unelastisch zum Biegen. Packen Sie dann die Krone mit den Veredlungsstellen in Reisig oder Ballentuch ein und füllen die Zwischenräume evtl. mit Holzwolle aus.

Topfrosen überwintern

Rosen in Gefäßen sind frostgefährdeter als ausgepflanzte, da die Wurzeln, vor allem in kleinen Gefäßen, schneller auftauen und zufrieren können. Schützen Sie also die Töpfe mit einer isolierenden Schicht, z. B. Noppenfolie, Styropor oder Matten aus Kokosfasern. Sie können aber auch einen Mantel aus Maschendraht, Bambus- oder Schilfmatte bilden und den Zwischenraum mit Laub oder Kompost ausfüllen. Triebe mit Nadelholzreisig, Vlies oder Ballentuch abdecken!

Expertentipp
Auch Sackleinen oder Jutegewebe sind geeignetes Schattierungsmaterial.

Expertentipp
Kein Plastikmaterial zum Verpacken verwenden, es hält Frischluft fern!

Expertentipp
Verpacken Sie Rosen so, dass sie noch genügend Luft bekommen!

Rosen schneiden

*Der richtige Rosenschnitt ist erlernbar!
Die Beachtung einiger Grundregeln und vor allem
praktische Übung erleichtern Ihnen den Zugang.*

Theorien zum Rosenschnitt wurden schon viele entwickelt, und auch heute existieren hierzu noch unterschiedliche Meinungen. Wir wollen jedoch versuchen, Ihnen hier ein brauchbares Basiswissen in einfacher Form zu vermitteln, das Sie zum Beispiel in Schnittkursen vertiefen können, die von den Ortsgruppen des Vereins Deutscher Rosenfreunde (VDR) (→ Seite 151) turnusmäßig abgehalten werden.

Wie wächst eine Rose?

Die Wuchseigenschaften der einzelnen Rosensorten sind wie ihre anderen Merkmale genetisch festgelegt, müssen bei der Pflege also beachtet werden. Zum Verstehen der Schnittregeln ist es daher wichtig, die so genannten Wachstumsgesetze zu kennen, das heißt, wie entwickelt sich die natürliche Wuchsform einer Rose, und wie reagiert sie auf bestimmte Schnittmaßnahmen. Auch das Erkennen des Triebalters ist eine wichtige Voraussetzung für den richtigen Schnitt. Werden hierbei Fehler begangen, wirkt sich das oft langfristig aus.

Grundsätzliches

Beim Schnitt aller Rosen müssen unabhängig von Gruppenzugehörigkeit und Wuchsverhalten folgende Punkte beachtet werden:
➤ der richtige Schnittzeitpunkt
➤ die richtige Schnittführung
➤ geeignetes Schnittwerkzeug
➤ allgemeine Schnittmaßnahmen
➤ Schnitthygiene

Spezielle Schnittregeln

Bei jeder Rosengruppe gibt es in der Praxis auch einige besondere Schnittregeln zu beachten. So werden zum Beispiel Beetrosen ganz anders geschnitten als Strauch- oder Kletterrosen. Es spielt auch eine nicht unerhebliche Rolle beim Schnitt, ob die Rose einmal oder öfter blühend ist. Bezüglich des Schnittzeitpunktes und der Wüchsigkeit bestimmter Sorten sind auch regionale Unterschiede möglich, die vor allem auf klimatischen Ursachen beruhen. Hierüber erfahren Sie Wissenswertes in Schnittkursen und bei örtlichen Rosen- und Gartenbauvereinen.

*Das Entfernen von Verblühtem
regt bei öfter blühenden Sorten
die Nachblüte an.*

Grundregeln des Schnitts

Vielleicht werden Sie sich fragen, wieso Sie Ihre Rosen überhaupt schneiden müssen. Wildrosen blühen tatsächlich auch ohne Schnitt jedes Jahr sehr üppig. Unsere Gartenrosen jedoch würden ohne diese Pflegemaßnahme mit der Zeit in ihrer Vitalität nachlassen. Die wichtigste Wirkung des Schnitts ist die Gesunderhaltung und ständige Verjüngung der Rosen. Wird nämlich altes und abgestorbenes Astmaterial nicht entfernt, lässt der Neuaustrieb aus der Veredlungsstelle nach.

➤ Entfernen Sie daher immer schwache, dünne und überzählige, erfrorene, beschädigte und kranke Triebe.

Rückschnitt

Jede Rosensorte und -art hat ganz eigene, genetisch festgelegte Wuchseigenschaften. Das hat zur Folge, dass Sie beim genauen Schnitt auch nicht nach »Schema F« vorgehen können, sondern jedes Exemplar für sich behandeln müssen. Allerdings gelten gewisse Grundregeln für alle gleichermaßen: Sehr stark- und langtriebige Sorten zum Beispiel halten wir auch durch starken Rückschnitt nicht kurz, ohne die Blühfähigkeit zu beeinträchtigen. Auf der anderen Seite regenerieren sich schwachtriebige Sorten durch starken Schnitt besser. Hieraus resultiert eine wichtige Grundregel des Schnitts:

➤ Durch starken Rückschnitt erzeugen Sie einen starken, durch schwachen Rückschnitt einen schwachen Austrieb.

Der richtige Schnittzeitpunkt

Früher wurde gerne im Herbst zum Einwintern geschnitten. Heute befürworten die Fachleute den Frühjahrsschnitt, da nach einem Herbstschnitt die gekürzten Triebe durch starken Frost noch weiter zurückfrieren können – im Extremfall bis zur Veredlungsstelle.

Ein leichtes Einkürzen im Herbst kann zum Durchführen des Winterschutzes (Anhäufeln, Abdecken mit Reisig, Einpacken mit Ballentuch → Seite 40/41) manchmal jedoch recht nützlich sein.

➤ Warten Sie mit dem Rückschnitt bis zum Frühjahr. Schneiden Sie nicht zu früh, der neue Austrieb sollte deutlich

Richtige Schnittführung

Schneiden Sie Rosen mit einer scharfen Schere immer schräg ca. 5 mm oberhalb eines Auges.

sichtbar sein, das erleichtert die Arbeit. Zur groben zeitlichen Orientierung kann Ihnen die Forsythienblüte dienen. Eine Ausnahme bilden einmal blühende Rosen, die man auch gleich nach der Blüte schneiden kann (→ Seite 48–51).

Alter oder junger Trieb?

Damit immer blühfähiges Holz vorhanden ist, muss das Verhältnis von alten und jungen Trieben an der Rosenpflanze stimmen. Dies ist je nach Rosengruppe unterschiedlich (→ Seite 48–53).

Das Alter der Triebe erkennen Sie an Farbe und Beschaffenheit der Rinde. Je jünger die Triebe, desto glatter und grüner sind sie. Im Alter wird die Rinde rissig und braungrau.

Die richtige Schnittführung

Grundsätzlich gilt:

➤ Geschnitten wird ca. 5 mm oberhalb eines Auges (Knospe). Der Schnitt soll leicht schräg und vom Auge weg erfolgen (→ Bild unten).

➤ Kürzen Sie zu entfernende Seitentriebe auf 3 mm über dem Haupttrieb, d. h. bis zum so genannten Astring.

➤ Lassen Sie beim Schneiden grundsätzlich keine Zapfen (Triebstummel) stehen.

➤ Schneiden Sie frostgeschädigte Triebe so weit zurück, bis das Mark in der Triebmitte weiß erscheint.

An Seilen oder Ketten gezogene Kletterrosen müssen ganz gezielt geschnitten und gebunden werden.

Das passende Werkzeug

Benützen Sie nur gutes Werkzeug und achten Sie auch auf passende Kleidung beim Rosenschneiden.

➤ Ideal zum Schneiden junger Triebe und zum Entfernen von Verblühtem sind gute Garten- oder so genannte Rosenscheren wie die Felco Nr. 8, bei denen die Klinge am Amboss vorbeiläuft (Es gibt sie auch für Linkshänder!). Ungeeignet sind Scheren, bei denen die Klinge auf den Amboss auftrifft, da hierbei die Rosentriebe gequetscht werden.

➤ Verwenden Sie für stärkere Rosentriebe und Totholz eine Säge. Dies ist Kräfte sparend, und Sie erhalten einen sauberen Schnitt. Gut geeignet sind Klappsägen, da man mit ihnen auch zwischen eng stehenden Ästen arbeiten kann.

➤ Achten Sie auf gut geschärfte Klingen und ölen Sie die Schere nach Gebrauch.

➤ Wichtig sind feste Handschuhe! Es gibt spezielle Rosenhandschuhe, aber auch Stulpenhandschuhe aus Leder eignen sich gut.

➤ Tragen Sie am besten glatte Kleidung, in der sich die Rosenstacheln nicht verhängen können.

Schnitthygiene

Räumen Sie die Schnittabfälle sauber aus dem Beet, aber werfen Sie sie nicht auf den Kompost. Damit verhindern Sie die Verbreitung eventueller Pilzkrankheiten, deren Sporen oft auf den Trieben überwintern, und vermeiden bei späteren Arbeiten im Rosenbeet Verletzungen durch die stachligen Triebreste.

Querverweise
Allgemeine Pflegeschnitte
Seite 46/47

Allgemeine Pflegeschnitte

Kurzinformation

Werkzeug

Rosenschere
Klappsäge
Astschere
Hippe
Handschuhe

Zeitpunkt

im Frühjahr: Auslichten und Totholz schneiden

im Sommer: Wildtriebe entfernen, Verblühtes abschneiden

Zeitaufwand

je nach Art des Schnittes und Übung ca. 20–30 Minuten pro Rose

Auslichten

Im Frühjahr, nach Entfernen des Winterschutzes, müssen Sie alle Rosen zuerst auf Frostschäden kontrollieren. Geschädigte Triebe erkennen Sie an dem bräunlich verfärbten Mark. Schneiden Sie alle erfrorenen Teile (siehe Bild) bis ins gesunde Holz zurück (innen grünlichweiß). Alles andere tote oder kranke Holz muss ebenfalls entfernt werden. Schneiden Sie dabei auf den nächsten gesunden Seitentrieb oder bis auf 5 mm über einem intakten Auge zurück. Es dürfen keine Triebstummel (so genannte Zapfen) stehen bleiben. Im Weiteren müssen Sie alle schwachen und überzähligen Triebe herausschneiden, damit Platz bleibt für kräftige Neutriebe aus der Basis. Entfernen Sie ebenfalls quer und nach innen wachsende oder sich aneinander reibende Triebe. Verwenden Sie für diese Arbeiten nur scharfes Werkzeug, dies erleichtert Ihnen die Tätigkeit und verhindert gleichzeitig Quetschungen und unsaubere Schnitte an den Rosentrieben. Tragen Sie Handschuhe dabei!

Wildtriebe, altes Holz und Verblühtes abschneiden – das sind Schnittmaßnahmen, die für alle Rosentypen gelten.

Wildtriebe entfernen

Schneiden Sie die Triebe, die an meist kleineren, helleren und matteren Blättern gut zu erkennen sind, nicht einfach an der Erdoberfläche ab (siehe Bild), dies würde nur einen stärkeren Austrieb bewirken. Kommt der Wildtrieb aus dem Wurzelstock, dann legen Sie die Ansatzstelle frei und reißen den Wildtrieb dort aus.

Bei Hochstämmchen entspringen Wildtriebe sowohl aus dem Wurzelstock als auch aus den Veredlungsstellen direkt unterhalb der Krone. Im letzteren Fall schneiden Sie sie am besten mit einem Stück der Rinde direkt am Ansatz ab.

Verblühtes entfernen

Entfernen Sie bei öfter blühenden Sorten regelmäßig Verblühtes, damit ein Fruchtansatz vermieden und die Kraft in neue Blüten investiert wird. Durch den Schnitt werden kräftige Neutriebe mit Blüten angeregt. Bei einmal blühenden Rosen hingegen kann darauf verzichtet werden, da es keine Vorteile bringt, bzw. bei einigen Sorten und Arten den schmückenden Hagebuttenansatz verhindern würde.

Schneiden Sie bei Edelrosen (Teehybriden) die einzeln stehenden Blüten schon beim Abblühen ab. Bei Rosen, die in Büscheln blühen, können Sie zur Arbeitserleichterung mit dem Schnitt warten, bis der ganze Blütenstand verblüht ist.

Der Schnitt sollte von der Blüte her betrachtet immer über dem ersten voll ausgebildeten fünfzähligen Laubblatt erfolgen. Ein tieferer Rückschnitt würde der Rose zuviel Blattmasse entziehen und sie schwächen. Nach Mitte September sollten Sie diese Arbeit einstellen, um einen weiteren Neuaustrieb zu vermeiden, da diese Triebe vor dem Winter nicht mehr ausreifen können.

Expertentipp
Wildtriebe kommen grundsätzlich nur bei veredelten Sorten vor.

Strauchrosen schneiden

Kurzinformation

**Schneiden
einmal blühender Strauchrosen**

Säuberungs- und Auslichtungsschnitt im Frühjahr;
nach einigen Jahren Verjüngungsschnitt

**Schneiden
öfter blühender Strauchrosen**

Säuberungsschnitt im Frühjahr;
steiftriebige Sorten außerdem
nach den Wachstumsgesetzen
stufig zurückschneiden;
Sorten mit überhängend-male-
rischem Wuchs nur auslichten
oder alle paar Jahre verjüngen

**Schneiden
von Flächenrosen**

eventuell Säuberungsschnitt im
Frühjahr; alle paar Jahre starker
Verjüngungsschnitt

Strauchrosen schneiden

Einmal blühende Strauchrosen werden grundsätzlich anders geschnitten als öfter blühende.

Einmal blühende Sorten blühen am schönsten am vorjährigen Holz, d.h. dass die Triebe, die in einem Sommer gebildet werden, erst im nächsten Jahr blühen. Beim Schnitt müssen Sie also darauf achten, dass genügend mehr-jähriges Holz erhalten bleibt.

Bei **öfter blühenden Strauchrosen** er-scheinen die Blüten sowohl an ein- als auch an mehrjährigen Trieben.

Schnitt und Schnittlänge hängen von der Wuchsstärke der Sorte sowie dem zur Verfügung stehenden Platz ab. Die so genannten Kleinstrauchrosen sind ähnlich zu schneiden wie ihre großen Schwestern.

Bei **Alten, Englischen** und so genann-ten **Nostalgierosen** hängt der Schnitt davon ab, welcher Rosengruppe sie an-gehören, d. h. ob öfter oder einmal blühend, Strauch-, Beet-, oder Kletter-rose.

Bei Flächenrosen reicht alle paar Jahre ein kräftiger Verjüngungsschnitt aus. Handelt es sich um wurzelechte Rosen, können Sie sie sogar einfach auf 20 cm Höhe abschneiden oder -mähen.

*Betrachten Sie vor der Arbeit
die natürliche Wuchsform der Rose – sie sollte beim Schnitt
weitestgehend erhalten bleiben.*

Einmal blühende Strauchrosen schneiden

Manchmal wird geraten, diese Rosen gar nicht zu schneiden. Das ist über einige Jahre hinweg auch möglich, aber Jungtriebe bilden sich dann nur noch im oberen Strauchbereich, da die Strauchmitte viel abgestorbenes Zweigmaterial enthält und wenig Licht zur Basis durchlässt. Ganz ohne Schnitt geht es also nicht, aber grundsätzlich reicht es, wenn einmal blühende Strauchrosen im Frühjahr nur ausgelichtet werden. Entfernen Sie dabei einige alte sowie alle kranken und erfrorenen Triebe.

Falls nach einigen Jahren eine stärkere Verjüngung notwendig wird, kann di-rekt nach der Blüte ein Teil der alten Triebe an der Basis entfernt werden (Bild links). Dies hat eine bessere Durchlüftung und Lichtversorgung des Strauchs zur Folge. Er ist dadurch nicht mehr so krankheitsanfällig und bildet aus der Basis heraus wieder viele Neutriebe. Sie können den Strauch aber auch völlig ungestört einige Jahre wachsen lassen und ihn dann boden-eben abschneiden (Bild rechts). Er baut sich dann wieder langsam in seiner natürlichen Wuchsform auf. Schneiden Sie bei diesen Rosen nie die Triebspitzen zurück, da dadurch ihr natürlicher Habitus verloren geht.

Öfter blühende Strauchrosen schneiden

Steif- und starktriebige Sorten werden mit der Zeit gern etwas staksig, hier ist ein stufiger Rückschnitt wichtig. Lassen Sie dabei starke Triebe länger und schneiden Sie schwache Triebe kürzer. Um ein frühzeitiges Vergreisen zu vermeiden, nehmen Sie regelmäßig einzelne alte Triebe heraus. Bei öfter blühenden Sorten mit schönem, überhängendem Wuchs wie 'Colette' ist es jedoch besser, wenn Sie nur alle paar Jahre einen Verjüngungsschnitt vornehmen.

Kletterrosen schneiden und formieren

Kurzinformation

Einmal blühende Kletterrosen schneiden und anbinden

Säuberungsschnitt im Frühjahr; Hauptschnitt nach Blüte, dabei altes Holz entfernen; neue Triebe sorgfältig anbinden

Öfter blühende Kletterrosen schneiden und anbinden

Auslichtungs- und Säuberungsschnitt im Frühjahr; Seitentriebe auf 2–3 Augen zurückschneiden; fächerförmiges Formieren/ Anbinden an Rankgittern und Wänden

Kletterrosen schneiden

Auch der Schnitt von einmal und öfter blühenden Kletterrosen unterscheidet sich:

Einmal blühende Kletterrosen blühen an den vorjährigen Langtrieben. Diese dürfen Sie also im Frühjahr nicht beschneiden.

Öfter blühende Kletterrosen blühen sowohl an ein- als auch an mehrjährigem Holz. Sie sollten also anstreben, immer Triebe verschiedenen Alters an den Pflanzen zu haben. Sind anfangs zu wenig Jungtriebe vorhanden, so sollten Sie im Frühjahr ältere Triebe nur auf junge Seitentriebe zurückschneiden und erfrorene, kranke und schwache Triebe entfernen.

Rosen, die an Klettergerüsten, Pergolen oder Rankbögen gezogen werden, lösen Sie am besten ganz von ihrer Unterlage und binden sie nach dem Schnitt wieder neu auf. Bei sehr starkwüchsigen Sorten und wenn die Rosen in Bäume oder Sträucher klettern, ist dies natürlich nicht möglich. Diese Rosen schneiden Sie besser nach einigen Jahren bis zum Boden zurück – falls sie zu groß werden.

Fast genauso wichtig wie der Schnitt ist bei den Kletterrosen das richtige Binden und Formieren der Triebe.

Einmal blühende Kletterrosen schneiden

Bei ihnen erfolgt der Hauptschnitt besser erst nach der Blüte, entfernt werden dabei die meisten der abgeblühten, älteren Triebe. Die zu diesem Zeitpunkt schon wieder geschobenen Neutriebe belassen Sie als Blütentriebe für das nächste Jahr. Im Frühjahr reicht dann ein leichtes Nachschneiden von erfrorenen oder beschädigten Trieben. Ramblerrosen, die in Bäume wachsen (→ Seite 111) bleiben mehr oder weniger ungeschnitten und können nach ein paar Jahren zur Verjüngung, oder wenn sie zu voluminös werden, auch auf Stock gesetzt werden (→ Seite 49, Mitte).

Einmal blühende Kletterrosen anbinden und formieren

Die neuen Triebe müssen Sie spätestens nach dem Schnitt an ihren Kletterunterlagen befestigen. Streben Sie immer eine gute Verteilung der Triebe mit genügend Abstand zueinander an und entfernen Sie überzählige Triebe ganz. Binden Sie an flächigen Elementen wie Wänden oder Rankgittern die Triebe am besten fächerförmig fest. Zum Binden eignet sich Bindegarn oder mit Papier umwickelter Bindedraht, für dickere Triebe auch Weidenruten oder Kokosschnur.

Öfter blühende Kletterrosen schneiden und formieren

Entfernen Sie im Frühjahr bei älteren Exemplaren immer 1–2 der ältesten Triebe an der Basis, um Platz für junges Holz zu schaffen. Kürzen Sie Seitentriebe an Haupttrieben auf 2–3 Augen, und schneiden Sie schwache Triebe ganz heraus. Im Sommer können Sie abgeblühte Seitentriebe einkürzen, um den Austrieb weiterer Blütentriebe anzuregen.
Binden Sie sehr starktriebige Sorten nicht senkrecht an, da sie sonst nur an den Triebspitzen blühen und unten herum kahl werden – ideal ist eine fächerförmige Anordnung der Triebe (Bild unten).

Expertentipp
Für das Anbinden und Formieren sollten Sie sich Zeit nehmen.

Expertentipp
Biegen Sie bei Verkahlen der Basis junge Triebe bogenförmig nach unten.

Edel-, Beet-, Zwerg- und Stammrosen schneiden

Kurzinformation

Edelrosen schneiden

Im Frühjahr zuerst Säuberungsschnitt, dann kurzer Rückschnitt
auf 3–7 Augen (oder 20–35 cm),
je nach Triebstärke

Beetrosen schneiden

Im Frühjahr zuerst Säuberungsschnitt, dann Rückschnitt auf
1/3 (starke Triebe) bis 2/3
(schwache Triebe) der vorigen
Trieblänge

Zwergrosen schneiden

Im Frühjahr Säuberungs- und
Auslichtungsschnitt;
Rückschnitt auf 10–15 cm Höhe

Stammrosen schneiden

Schnitt abhängig von Gruppenzugehörigkeit der veredelten
Sorte, bei Beet- und Edelrosen
aber kürzer

Allgemeine Schnittregeln

Der Schnitt von Beet-, Edel- und Zwergrosen erfolgt im Frühjahr, ca. Ende März nach dem Abhäufeln der Rosen.

➤ Führen Sie diese Arbeit nicht bei nassem Wetter durch, da Sie sonst die Erde auf den Rosenbeeten stark verdichten.

➤ Entfernen Sie überaltertes, krankes, beschädigtes und erfrorenes Holz an der Ansatzstelle.

Die Schnittlänge hängt stark von der Sorte und der Vitalität der Pflanze ab. Da die Sorten unterschiedlich lange Abstände zwischen den Blättern aufweisen (Internodienlänge), macht es mehr Sinn, die Schnittlänge in Augenzahl als in Zentimeter anzugeben.

Von allen Rosengruppen müssen Edelrosen am stärksten zurückgeschnitten werden, da viele Sorten sonst im Wuchs sehr staksig werden und in ihrer Vitalität schnell nachlassen.

Bei Stammrosen hängt der Schnitt von der Sorte ab, die auf das Stämmchen veredelt wurde. Gehört diese zu den Beet- oder Edelrosen, erfolgt der Schnitt vom Prinzip her wie bei diesen, nur noch etwas kürzer.

Führen Sie alle Schnittarbeiten nur mit
gut geschärftem und einwandfreiem Werkzeug durch,
unsaubere Schnitte verheilen viel schlechter.

Edel-, Beet- und Zwergrosen schneiden

Schneiden Sie bei **Edelrosen** starke Triebe auf ca. 5–7 Augen zurück, schwächere auf 3–5, ganz schwache am Ansatz entfernen. Schneiden Sie auch zu eng stehendes Holz ab und kürzen Sie Seitentriebe in Bodennähe stärker ein als die Haupttriebe. Beim Abschneiden von Trieben an der Veredlungsstelle oder von Seitentrieben am Haupttrieb schneiden Sie grundsätzlich auf Astring, d. h. Sie belassen den kleinen Wulst 3 mm über der Anwuchsstelle. In diesem sitzen nämlich so genannte »schlafende Augen«, die nach dem Rückschnitt wieder austreiben können.

Für **Beetrosen** gilt das Gleiche wie für Edelrosen, nur dass sie nicht so stark zurückgeschnitten werden wie die Edelrosen (Bild links). Bei ihnen reicht je nach Triebstärke und Vitalität ein Rückschnitt um 1/3–2/3 der vorigen Trieblänge. Schneiden Sie sehr alte Exemplare zur Revitalisierung stark zurück.

Zwergrosen schneidet man – ohne Unterscheidung der Triebstärke – auf 10–15 cm zurück (Bild oben). Im Herbst gepflanzte Rosen schneiden Sie im folgenden Frühjahr stärker zurück als mehrjährige Pflanzen, um den Austrieb vieler Jungtriebe anzuregen.

Stammrosen schneiden

Entfernen Sie auch hier altes, krankes und erfrorenes Holz. Vermeiden Sie dabei Schnitte direkt an der Veredlungsstelle. Schneiden Sie bevorzugt über nach außen weisende Knospen, so bleibt die Krone luftig und hat Platz für Jungtriebe.

Sind Kletterrosen auf Stamm veredelt (so genannte Trauer- oder Kaskadenrosen), so orientiert sich der Schnitt daran, ob es sich um öfter oder einmal blühende Sorten handelt (→ Seite 50/51). Die hierfür meistens verwendeten einmal blühenden Rambler schneiden Sie also am besten nach der Blüte.

(→ Seite 50/51)

Expertentipp
Erhalten Sie bei öfter blühenden Sorten Holz jeder Altersstufe.

Rosenpflege rund ums Jahr

Erstes Halbjahr

Januar/Februar

Kontrollieren Sie immer wieder Ihre Winterschutzmaßnahmen, ob alles noch richtig an Ort und Stelle ist. Schütteln Sie nach stärkerem Schneefall belastete Zweige oder Winterschutzvorrichtungen vorsichtig ab, um ein Brechen von Zweigen oder Hochstämmen zu vermeiden. Denken Sie daran, an warmen Tagen Rosen in Töpfen leicht zu gießen. Jetzt ist auch Zeit, neue Pflanzungen zu planen und Kataloge zu wälzen.

März

Wenn die Witterung es zulässt, dann nehmen Sie den Winterschutz ab, halten ihn jedoch wegen Spätfrösten weiterhin bereit. Beetrosen abhäufeln, Stammrosen aufrichten. Eventuell noch Winterspritzung gegen überwinternde Schädlinge. Jetzt können Sie den Boden langsam vorbereiten: Grunddüngung verabreichen und leicht einarbeiten. In milden Gegenden können Sie schon den Frühjahrsschnitt durchführen und wurzelnackte Rosen pflanzen.

April

Schnitt aller öfter blühenden Rosen. Säuberungsschnitt auch bei einmal blühenden Sorten. Zwischen den Rosen keimendes Unkraut entfernen. Rosenbeete mit Rosengabel auflockern. Vorbeugende Spritzungen gegen Pilzkrankheiten. Noch Pflanzung von wurzelnackten Rosen.

Mai/Juni

Weiterhin vorbeugender Pflanzenschutz mit Brühen, Jauchen und Tees, aber auch gezielte Spritzungen gegen Schädlinge und Krankheiten. Pflanzung von Containerrosen. Ab Juni Verblühtes ausschneiden, um die Pflanzen ansehnlich zu erhalten und bei öfter blühenden Rosen für Nachblüte zu sorgen. Öfter blühende Sorten mit schnellwirksamem Dünger nachdüngen. Passende Begleiter pflanzen.

*Die arbeitsreichste Zeit bei der Rosenpflege
liegt im Frühjahr und Herbst – der Sommer ist zum Genießen,
der Winter zum Planen da.*

Zweites Halbjahr

Juli

Verjüngungsschnitt der einmal blühenden Strauch- und Kletterrosen nach der Blüte. Düngung nach Monatsmitte einstellen. Bei anhaltender Trockenheit vor allem frisch gepflanzte Rosen wässern. Weiterhin Verblühtes abschneiden. Nach Schädlingen und eventuellen Mangelerscheinungen Ausschau halten. Kletterrosen anbinden und formieren.

August/September

Zur Förderung der Holzreife mit Kali düngen. Bei großer Trockenheit und Hitze gießen. Weiterhin Sommerschnitt der öfter blühenden Sorten. Lockern Sie nach Niederschlägen die Rosenbeete vorsichtig auf, um eine Verdichtung des Bodens zu vermeiden und für gute Durchlüftung zu sorgen. Vermehrt auf Pilzkrankheiten achten. Stellen Sie dann im September den Sommerschnitt ein, um weiteren Austrieb zu vermeiden.

Oktober

Gegen Ende Oktober Rosen eventuell leicht einkürzen für Einwinterung. Langsam wirkende Dünger wie Hornspäne jetzt schon ausbringen und einarbeiten. Wurzelnackte Rosen pflanzen. Rosenlaub und Schnittmaterial aufsammeln und in Mülltonnen werfen oder verbrennen. Begleitende Stauden und Zwiebeln pflanzen. Reife Hagebutten für Marmelade, Liköre oder Tees ernten.

November/Dezember

Im November Winterschutzmaßnahmen durchführen: Beet- und Edelrosen anhäufeln, Winterschutz aus Reisig anbringen, Kletter- und Stammrosen einpacken; Rosen im Kübel in frostfreien Raum bringen, im Garten einsenken oder mit geeignetem Material schützen. Bei frostfreier Witterung Kompost und abgelagerten Stallmist in den Boden einarbeiten.

Rosen auswählen

Rosen auswählen

Welche Rose für mich?

*Die Wahl der richtigen Rose
ist eine wichtige Voraussetzung für ein
ungetrübtes Rosenvergnügen.*

Bei den Rosen herrscht eine überwältigende Sortenvielfalt. Mittlerweile soll es weltweit über 30 000 Sorten geben! Da fällt manchmal nicht nur dem Anfänger die Wahl schwer. Wie finden Sie nun »Ihre« Rose?

Auf den Standort kommt es an

Je besser die gewählte Rose für den vorgesehenen Platz geeignet ist, desto pflegeleichter wird sie auf Dauer sein.
➤ Prüfen Sie zunächst die Licht- und Bodenverhältnisse am ausgewählten Standort (→ Seite 12/13).
➤ Wie viel Platz steht der Rose zum Wachsen und Gedeihen zur Verfügung? Das ist ein Punkt, der bei der Auswahl oft vernachlässigt wird.

Gestaltungsfragen

Sehr wichtig bei der Auswahl von Rosen ist auch ihr geplanter Verwendungszweck im und am Haus.
➤ Wollen Sie ein ganzes Rosenbeet anlegen oder nur einzelne Rosen im Garten einsetzen?
➤ Wollen Sie eine Mauer begrünen oder eine blühende Hecke anpflanzen?

➤ Suchen Sie nach einer niedrigen Rose für eine flächige Begrünung, oder soll sie kletternd hoch hinaus?
➤ Soll sich die Rose in Ihre Staudenrabatte einfügen oder im Topf Terrasse oder Balkon zieren?
➤ Oder suchen Sie noch einen Blickfang für Ihre Rasenfläche?

Persönliche Vorlieben

Natürlich spielt Ihr eigener Geschmack eine nicht unwichtige Rolle bei der Auswahl. Soll die Rose romantisch oder natürlich, auffällig oder dezent sein?
Das betrifft vor allem die Blüten, die es in den verschiedensten Formen – schlicht und schalenförmig, als dicht gefüllte Rosetten, in großen Büscheln oder einzeln blühend – und unzähligen Farbtönen und Schattierungen, duftend oder nicht duftend gibt.
Zu guter Letzt zählt natürlich auch die Gesamterscheinung der Rose, das, was wir zuerst wahrnehmen, wenn wir auf sie zugehen. Sie kann zum Beispiel üppig-ausladend, niedlich-kompakt oder elegant-graziös wirken.

*Eine Vielzahl von Schönheiten
erwartet Sie im Rosenreich – nehmen
Sie sich Zeit für die Auswahl.*

Rosentypen und Rosenklassen

Die Vielfalt an Bezeichnungen wie »Alte«, »Englische«, »Nostalgie« oder »Moderne« Rose ist vor allem für den Anfänger äußerst verwirrend. Dazu kommen noch die vielen, oft willkürlichen Gruppenbezeichnungen im Handel, wie zum Beispiel »Französische« oder »Historische« Rosen.

Die unterschiedlichen Bezeichnungen beruhen auf den verschiedenen Möglichkeiten, die große Zahl der Rosen einzuteilen:

Entweder nach der Wuchsform oder nach dem Blühverhalten (wie in diesem Buch) oder nach Entstehungsgeschichte und Erscheinungsbild.

Wir wollen nachfolgend versuchen, für Sie die Fäden etwas zu entwirren.

Alte Rosen

Streng genommen handelt es sich bei Alten Rosen um Rosensorten, die vor dem Jahr 1867 entstanden sind. In diesem Jahr erschien die Rose 'La France', die anscheinend erste Teehybride und damit auch moderne Rose.

In diesem Buch verfahren wir etwas lockerer mit der Einteilung und bezeichnen auch noch nach 1867 entstandene Sorten als Alte Rosen, wenn sie deren Aussehen zeigen.

➤ Die ältesten Gruppen oder Klassen sind die Alba-, Gallica-, Damascena- und Centifolia-Rosen. Dabei handelt es sich meist um einmal blühende Strauchrosen.

➤ Durch Einkreuzen von Rosen, die um 1800 aus China eingeführt wurden, entstanden später die Gruppen der China-, Portland-, Bourbon- und Remontant-Rosen, von denen viele auch öfter blühen.

➤ Die Farbskala der Blüten reicht von Weiß über Rosa bis zu dunklem Purpurviolett. Gelb-, Orange- und warme Rottöne finden wir in dieser Gruppe kaum.

➤ Die Blüten zeigen eine große Formenvielfalt, sind oft stark gefüllt und kräftig duftend.

➤ Die einmal blühenden Sorten sind meist sehr frosthart und robust.

➤ Entgegen der oft geäußerten Ansicht sind leider nicht alle Alten Rosen widerstandsfähiger gegen die typischen Rosen-Pilzkrankheiten als die Modernen Rosen.

Gestreifte Blüten

Solche Sorten finden sich bei Alten und Modernen Rosen, hier die Sorte 'Camille Pissaro'.

Moderne Rosen

Mit den sogenannten Teehybriden begann die Geschichte der Modernen Rosen. Diese waren eine Kreuzung der Remontant-Rosen mit Teerosen. Die Remontant-Rosen waren robust, frosthart und öfter blühend, die Teerosen brachten die gelben Farbtöne und das glänzende Laub mit.

➤ Moderne Rosen sind in der Regel öfter blühend. Neben den Teehybriden zählen die Polyantha- und Floribunda-Rosen, die Modernen Strauchrosen, viele der öfter blühenden Kletterrosen, sowie Zwerg- und Flächendeckerrosen zu dieser Gruppe.

➤ Die Blüten der Modernen Rosen weisen ein großes Farbspektrum auf, das außer reinem Blau und Schwarz alle Farbtöne enthält.

➤ Die Blüten sind einfach bis dicht gefüllt und sehr vielgestaltig. Vor allem neuere Teehybrid-Sorten haben auch einen ausgeprägten Blütenduft.

➤ Frosthärte und Widerstandsfähigkeit der einzelnen Sorten sind sehr unterschiedlich.

Englische Rosen

Der englische Rosenzüchter David Austin begann in den sechziger Jahren, Alte Rosen mit Modernen Rosen wie Teehybriden und Floribunda-Rosen zu kreuzen. Seine Idee dabei war die Vorteile beider Gruppen in einer neuen Rosenklasse zu vereinen.

Viele Flächenrosen – hier die Sorte 'Windrose' – tragen einfache bis halb gefüllte Blüten.

➤ Englische Rosen sind meist öfter blühend und besitzen die breite Farbpalette der Modernen Rosen.

➤ Darüber hinaus zeigen sie die vielfältigen Blütenformen, den anmutigen Wuchs und den Duft der Alten Rosen. Die ersten Züchtungen wie 'Constance Spry' und 'Chianti' waren allerdings noch einmal blühend.

Viele dieser in den letzten Jahren in rascher Folge erscheinenden Sorten konnten allerdings die in sie gesetzten Erwartungen nicht an allen Standorten erfüllen. So leiden einige in regenreichen Gebieten vermehrt an Pilzkrankheiten, und die stark gefüllten, schweren Blüten hängen in nassem Zustand tief zum Boden oder öffnen sich gar nicht richtig, da die zarten Blütenblätter vom Regen verkleben.

Nostalgierosen

Angeregt durch den Erfolg der Englischen Rosen, haben in den letzten Jahren auch Züchter in anderen Ländern Austins Idee, Alte mit Modernen Rosen zu kreuzen, aufgegriffen und so genannte Nostalgierosen gezüchtet. Dabei haben sie jedoch weit mehr Wert auf Robustheit und kompakten Wuchs gelegt, was leider manchmal den Verlust von Duft und elegantem Wuchs mit sich brachte.

Zu dieser Gruppe gehören auch die 'Romantica-Rosen' und die so genannten 'Maler-Rosen'.

Suchen Sie sich die passenden Sorten aus

Jedes Jahr kommen wieder neue Sorten deutscher Züchter auf den Markt, aber auch Rosen aus anderen europäischen Ländern, vor allem aus England und Frankreich, vermehren das große Angebot in unseren Baumschulen und Gartencentern.

Die auf den folgenden Porträtseiten vorgestellten Sorten können daher nur eine beschränkte Auswahl für den Anfänger darstellen.

Es finden sich darunter sowohl altbewährte Publikumslieblinge als auch neuere Sorten mit wertvollen Eigenschaften.

Da gewöhnliche Baumschulen und Gartencenter nur ein begrenztes Angebot des riesigen Sortiments vorrätig haben können, müssen Sie eventuell bestimmte Sorten bei einer spezialisierten Versand-Rosenbaumschule bestellen (→ Seite 150).

Einteilung des Porträtteils

Der nachfolgende Porträtteil bietet eine Übersicht über die wichtigsten Rosengruppen.

Die Gruppenbezeichnungen und -einteilungen werden in der Fachliteratur und in den Katalogen der Anbieter oft recht unterschiedlich gehandhabt. In diesem Buch erfolgte die Einteilung vorrangig nach dem Wuchs- und Blühverhalten der Sorten. So wurden die Strauch- und Kletterrosen nach öfter und einmal blühenden Sorten getrennt, da dies für den Schnitt und die Verwendung praktische Auswirkungen hat.

Da einige Sorten aufgrund ihrer Eigenschaften bei mehreren Gruppen eingeordnet werden können, wird in den Porträts darauf und auch auf andere Verwendungsmöglichkeiten hingewiesen.

➤ Die beiden ersten Kapitel befassen sich mit öfter und einmal blühenden Strauchrosen. Wobei die öfter blühenden in Moderne Rosen und Nostalgierosen, die einmal blühenden in Wildrosen und deren Sorten sowie Alte und Moderne Rosen unterteilt wurden.

➤ Bei den folgenden Kletterrosen erfolgt eine Gliederung nach öfter und einmal blühenden.

➤ Die Flächen- oder Bodendeckerrosen erhielten eine Unterteilung nach Blütenfarben.

➤ Den Schluss bilden die Beet-, Edel- und Zwergrosen. Sie erhielten keine weitere Unterteilung, da ihre Bedeutung in der Verwendung dies nicht gerechtfertigt hätte.

Aufbau der Pflanzenporträts

Die einzelnen Rosenporträts sind wie folgt aufgebaut:

➤ Zuerst angegeben ist der in Deutschland gebräuchliche Sortenname, der immer in Anführungszeichen steht. Bei Wildrosen und ihren Hybriden wurde, soweit dies der Platz zuließ, auch die gültige wissenschaftliche Bezeichnung der Art mit eventuellen Sortennamen erwähnt.

➤ Darauf folgen der Züchter und das Entstehungsjahr. In einigen Fällen wurde bei mehreren Züchtern pro Rose aus Platzgründen nur einer angegeben.

➤ Bei den anschließenden Höhenangaben handelt es sich um Mittelwerte, die je nach Standort, Klimazone und Pflege über- oder unterschritten werden können.

➤ Die Auskünfte über die Wuchsform sind wichtig für die angestrebte Verwendung und die Wahl des Standorts.

➤ Angaben zur Blütezeit sind ebenfalls als Richtwerte zu verstehen. Sie hängt durchaus auch vom Standort und der jährlichen Witterung ab.

➤ Die sechste Zeile gibt die allgemein gebräuchliche Gruppen-Einordnung wieder.

➤ Die Piktogramme (siehe rechts) zeigen den richtigen Standort und wichtige Eigenschaften der einzelnen Sorten auf einen Blick.

➤ Danach werden in einem kurzen Schlagwort besonders auffallende Merkmale und Vorzüge der Rose erwähnt.

Die verwendeten Piktogramme

 Die Sorte braucht einen sonnigen Standort

 Die Sorte kann auch halbschattig stehen

 Die Sorte ist einmal blühend

 Die Sorte ist öfter blühend

 Die Sorte eignet sich für Topfkultur

 Die Sorte duftet gut

Rosen lassen sich auch auf vielfältige Weise mit anderen Blütenpflanzen kombinieren.

In den Porträttexten finden Sie folgende Angaben:

Aussehen: Hier stehen Angaben zur Blüte, wie Farbe, Form und Größe, sowie zu Blattwerk, Früchten und Trieben.

Besonderheiten: Hier findet man Hinweise auf besonderen Duft , Widerstandsfähigkeit gegen Krankheiten oder kulinarische Verwendbarkeit.

Gestaltung: Dieser Abschnitt enthält Anregungen zur optimalen Verwendung der Sorten, auch in Kombination mit anderen Pflanzen. Angaben zum Flächenbedarf je Quadratmeter werden bei flächig verwendbaren Sorten gemacht, es handelt sich dabei um Richtwerte, die je nach Standort und Klima differieren können.

In der untersten Zeile stehen bei einigen Sorten Expertentipps oder Hinweise auf gute Pflanzenpartner.

Öfter b

ühende Strauchrosen

Diese Rosen sind unter den Ziersträuchern unübertroffen bezüglich ihrer Blühdauer und ihrer Vielfalt an Blütenformen und -farben.

Als öfter blühende Strauchrosen bezeichnet man Rosenarten und -sorten, die meist höher und auch breiter werden als zum Beispiel Beet- und Edelrosen (→ Seite 92–99), aber ebenfalls von Sommer bis Herbst blühen.
Ihre Wuchsformen können sehr unterschiedlich sein: manche wachsen straff aufrecht, andere hängen elegant über. Sie erreichen dabei Höhen von 1–2,5 m.

Unterschiedliche Nachkommen

Die Übergänge zwischen den einzelnen Rosengruppen sind fließend. So können einige größere Strauchrosen durchaus auch als Kletterrosen und einige kleinere auch als sogenannte Bodendecker oder Beetrosen verwendet werden. Gute Beispiele hierfür sind die Sorten 'Rosarium Uetersen' und 'Ballerina'.
Die Modernen Strauchrosen sind meist durch Kreuzung von öfter blühenden Beet-, Edel- und Flächenrosen mit Wildrosen und ihren Hybriden entstanden. Je nach Aussehen und Charakter der Elternsorten sind sehr un-

terschiedliche Nachkommen dabei herausgekommen.
Auch einige der Alten Rosen sowie viele der Englischen und Nostalgierosen sind öfter blühende Strauchrosen (→ Seite 60/61).

Vielfältig zu verwenden

Öfter blühende Strauchrosen sind meist nicht so wuchskräftig wie einmal blühende, sie eignen sich daher auch für kleinere Gärten.
Die Rosen aus dieser Gruppe sind vielfältig verwendbar:
➤ Sie lassen sich mit anderen Ziersträuchern wie zum Beispiel Kolkwitzie oder Pfeifenstrauch kombinieren.
➤ Sie bieten einen lange blühenden Hintergrund für Staudenrabatten.
➤ Als lockere Hecken gepflanzt, entweder ein- oder mehrfarbig, blühen sie oft noch bis nach den ersten Frösten und erfreuen nicht nur den Besitzer, sondern auch Nachbarn und Passanten mit Farbe und Duft.
➤ Starkwüchsige Sorten mit ansprechendem Wuchsbild bilden als Solitäre schöne Blickfänge auf Rasenflächen.

Das Motto dieser Rosen lautet:
Durchblühen bis zum Winter –
und das in großer Farbpalette.

Robuste Blüten-träume in Rosa

'Angela'
Kordes 1984
Höhe: 1–1,5 m
Wuchs: breitbuschig-aufrecht
Blütezeit: Juni – Herbst
Moderne Strauchrose

➤ **kompakte Anfängerrose**

Aussehen: Bei dieser lang blühenden Rose stehen die mittelgroßen und regenfesten Blüten in dichten Büscheln zusammen. Die Einzelblüten sind schalenförmig, halb gefüllt und von kräftigem Altrosa. Das dunkelgrüne Laub ist sehr widerstandsfähig.
Besonderheiten: ADR-Rose 1984.
Gestaltung: 'Angela' eignet sich gut für die Kombination mit Stauden, für niedrige zwanglose Hecken, zur Einzelstellung und zur Pflanzung in Gruppen.

'Centenaire de Lourdes'
Delbard-Chabert 1958
Höhe: 1,5–1,8 m
Wuchs: leicht überhängend
Blütezeit: Juni – Herbst
Moderne Strauchrose

➤ **robuster Dauerblüher**

Aussehen: Diese Rose hat große, locker gefüllte Blüten in einem leuchtenden Reinrosa mit feinem Duft. Das Laub ist sehr groß und wenig krankheitsanfällig. Der Wuchs ist ausgewogen, die Pflanze gut verzweigt.
Besonderheiten: Die pollenreichen Blüten spenden Bienen, Hummeln und anderen Insekten wertvolle Nahrung.
Gestaltung: Für Einzelstellung oder in Gruppen, in Kombination mit anderen Gehölzen und Stauden.

'Colette'
Meilland 1993
Höhe: bis 2 m
Wuchs: aufrecht, buschig
Blütezeit: Juni – Herbst
Moderne Strauchrose

➤ **gesunde Nostalgierose**

Aussehen: Die großen, dicht gefüllten Blüten im Stil Alter Rosen sind lachsrosa und nehmen im Verblühen eine goldbraune Tönung an. Sie haben einen starken, fruchtig-spritzigen Duft.
Besonderheiten: Der Wuchs wird im Alter überhängend, und der Strauch dadurch noch schöner in der Form. Durch die gute Frosthärte für Höhenlagen geeignet.
Gestaltung: Ideal zur Einzelstellung oder in Kombination mit anderen Gehölzen, z.B. mit Rotem Perückenstrauch.

Gute Partner
Hain-Salbei (Salvia nemorosa) in violetten Sorten.

Expertentipp
Auch für halbschattige Standorte und Höhenlagen gut geeignet.

Expertentipp
Ein »Muss« für Liebhaber romantischer Rosensorten.

Bei dieser klassischen Rosenfarbe haben Sie eine große Auswahl: Rosa ist nicht gleich Rosa.

'Edenrose 85'

Meilland 1985
Höhe: 1,5 m
Wuchs: kräftig, aufrecht, buschig
Blütezeit: Juni – Herbst
Moderne Strauchrose

➤ **robust, mit üppiger Blüte**

Aussehen: Stark gefüllte Blüten in zartem Cremeweiß und Seidenrosa mit leichtem Duft. Das Laub ist recht groß, dicht und wenig krankheitsanfällig.
Besonderheiten: Trotz der starken Füllung sind die Blüten gut regenfest.
Gestaltung: Diese Sorte kann aufgebunden an einer Wand oder einer Pergola auch als niedrige Kletterrose verwendet werden.
Als Gruppe oder einzeln, auch schön als Solitär auf dem Rasen.

'Erfurt'

Kordes 1939
Höhe: bis 1,5 m
Wuchs: breit ausladend
Blütezeit: Juni – Herbst
Moderne Strauchrose

➤ **verlässlich und frosthart**

Aussehen: Die schalenförmigen, mittelgroßen Blüten sind halb gefüllt und duften leicht, aber gut. Die seidigen, rosaroten Blütenblätter haben eine weiße Mitte und goldgelbe Staubgefäße. Das Laub ist im Austrieb kupfrig rot, später dunkelgrün.
Besonderheiten: Dankbare ältere Sorte, auch für Höhenlagen.
Gestaltung: Für zwanglos-natürliche Verwendungszwecke, z.B. in Kombination mit Wildstauden und einfachen Blütengehölzen.

'Vogelpark Walsrode'

Kordes 1988
Höhe: 1,5 m
Wuchs: breit buschig, locker
Blütezeit: Juni – Herbst
Moderne Strauchrose

➤**robuste Einsteigersorte**

Aussehen: Die großen, halb gefüllten, zartrosafarbenen Blüten duften leicht. Sie stehen in lockeren Büscheln zusammen, treiben unermüdlich nach und sind auch regenfest. Das glänzende Laub ist zierlich und widerstandsfähig.
Besonderheiten: ADR-Rose 1989.
Gestaltung: Vielseitig verwendbar. Kann einzeln oder in Gruppen gepflanzt werden, eignet sich aber auch für Pflanzgefäße und zur Kombination mit Stauden.

Expertentipp
Diese Sorte benötigt einen sonnigen Standort.

Expertentipp
Als Einzelstrauch oder Dreiergruppe am schönsten.

Expertentipp
Schön in Kombination mit pastellfarbenen Stauden.

Dauerbrenner in fröhlichen Farben

'Freisinger Morgenröte'

Kordes 1988
Höhe: 1,5 m
Wuchs: stark, breitbuschig
Blütezeit: Juni – Herbst
Moderne Strauchrose

➤ **robust und farbprächtig**

Aussehen: Diese Sorte trägt große Blüten in Edelrosenform Sie haben ein interessantes Farbspiel von Orange auf gelbem Grund mit rosa überlaufenen Rändern. Das Laub ist glänzend und kräftig grün.

Besonderheiten: Die Blüten haben einen kräftigen Duft.

Gestaltung: In 3er-Gruppen oder als Einzelstrauch vor neutralem Hintergrund wie Eibenhecken oder auf Rasenflächen. Aber auch in Kombination mit farblich harmonierenden Stauden und Blattschmuckgehölzen.

'Golden Wings'

Shepherd 1956
Höhe: 1,5 m
Wuchs: aufrecht, offen
Blütezeit: Juni – Herbst
Moderne Strauchrose

➤ **natürlicher Dauerblüher**

Aussehen: Die einfachen, schwefelgelben Schalenblüten sind groß und fallen durch die kontrastierenden, braunen Staubgefäße besonders auf. Sie haben einen leichten Duft und erscheinen den ganzen Sommer über. Das Laub ist mattgrün.

Besonderheiten: Aus den Blüten entwickeln sich orangefarbene, runde Hagebutten.

Gestaltung: Guter Solitärstrauch, eignet sich aber auch für gemischte Hecken aus Blütensträuchern und zur Kombination mit Wildstauden.

'Grandhotel'

McGredy 1972
Höhe: 1,5–2 m
Wuchs: kräftig, aufrecht
Blütezeit: Juni – Herbst
Moderne Strauchrose

➤ **edel, mit gutem Wuchs**

Aussehen: Die dunkel-samtroten Blüten sind groß, gut gefüllt und regenfest. Der gut verzweigte Strauch trägt glänzendes, dichtes Laub.

Besonderheiten: Vom Wuchs her eine der schönsten roten Strauchrosen.

Gestaltung: Wirkt sehr schön in Einzelstellung auf dem Rasen, eignet sich aber auch zusammen mit anderen Strauchrosen als hohe Blütenhecke.

Gute Partner
Storchschnabel (Geranium x oxonianum 'Wargrave Pink')

Expertentipp
Ein Rückschnitt um ein Drittel im Frühjahr verbessert den Wuchs.

Gute Partner
Farb- und wuchskräftige Stauden wie dunkelblauer Rittersporn (Delphinium)

*Kaum ein anderer Zierstrauch
blüht so lange und bietet eine derartige Sortenvielfalt
wie Rosen aus dieser Gruppe.*

'Postillion'

Kordes 1998
Höhe: 1,6 m
Wuchs: kräftig und aufrecht
Blütezeit: Juni – Herbst
Moderne Strauchrose

➤ **reich blühend und duftend**

Aussehen: Die mittelgroßen, gefüllten Blüten sind leuchtend gelb und duften reichlich. Die Knospen und verblühende Blüten haben einen warmen Kupferton.
Besonderheiten: Das dunkelgrün glänzende Laub ist widerstandsfähig gegen Pilzkrankheiten. ADR-Rose 1996.
Gestaltung: Gut geeignet als Einzelstrauch, in Kombination mit anderen Blütensträuchern und zur Kübelbepflanzung.

'Royal Show'

Meilland 1983
Höhe: 1,5–2 m
Wuchs: kräftig, überhängend
Blütezeit: Juni – Herbst
Moderne Strauchrose

➤ **leuchtender Dauerblüher**

Aussehen: Die rundlichen Knospen öffnen sich zu gut gefüllten, großen Blüten in einem Johannisbeerrot, das sehr farbstabil ist. Das glänzende Blattwerk ist ziemlich widerstandsfähig gegen Pilzkrankheiten.
Besonderheiten: Die Blüten erscheinen gleichmäßig vom Sommer bis in den Herbst und reinigen sich gut selbst.
Gestaltung: Einzeln oder in Gruppen, für Rosenhecken, auch mit anderen Sorten gemischt.

'Weiße Wolke'

Kordes 1993
Höhe: 90–100 cm
Wuchs: breit, ausladend
Blütezeit: Juni – Herbst
Moderne Strauchrose

➤ **handliche »Weiße«**

Aussehen: Trägt große, halb gefüllte, schalenförmige Blüten mit sichtbaren Staubgefäßen. Die reinweißen Blüten duften lieblich.
Besonderheiten: Das dichte Laub ist dunkelgrün glänzend und hat auffällige Blattadern.
Gestaltung: Für Gruppen und zur Einzelstellung in kleinen Gärten, auch in Kombination mit Stauden und zur Kübelbepflanzung oder für niedrige Hecken.

Gute Partner
*Rutenhirse (Panicum virgatum) und
Sonnenbraut (Helenium-Hybriden)*

Expertentipp
*Diese Rose liebt frische, raue
Standorte. Stauwärme meiden!*

Gute Partner
*Blau- und gelbblühende Stauden
wie Rittersporn und Taglilie.*

Nostalgie pur

Moderne öfter blühende Rosen

Name Züchter	Höhe Wuchs	Blütenfarbe Blütenform
'Aicha' Peterson 1963	bis 2 m dicht, überhängend	goldgelb, aufhellend einfach
'Felicia' Pemberton 1928	bis 1,5 m buschig, breit	lachsrosa locker gefüllt
'Lichtkönigin Lucia' Kordes 1966	bis 1,5 m aufrecht, buschig	leuchtend gelb gefüllt
'Mozart' Lambert 1937	1–1,2 m dicht, breit buschig	leuchtend rosa, weiße Mitte einfach, klein
'Polka' Meilland 1991	1,2–1,5 m aufrecht	bernsteingelb gefüllt
'Rosarium Uetersen' Kordes 1977	2 m stark, dicht, überhängend	dunkelrosa, dicht gefüllt
'Schneewittchen' Kordes 1958	1–1,5 m dicht, breit buschig	reinweiß halb gefüllt, schalenförmig
'Sparrieshoop' Kordes 1952	1,5–1,8 m aufrecht, breit	silbrig rosa einfach, groß
'Westerland' Kordes 1969	1,5–2 m stark, buschig	apricot halb gefüllt

Alte öfter blühende Rosen

'Blush Noisette' Noisette 1817	bis 2 m buschig, überhängend	lilarosa aufhellend gefüllt, klein
'Louise Odier' Margottin 1851	bis 1,5 m aufrecht, überhängend	kräftig rosa stark gefüllt
'Reine des Violettes' M. Mallet 1860	bis 1,5 m buschig	purpurviolett stark gefüllt, geviertelt

Englische öfter blühende Rosen

'Jacquenetta' Austin 1983	1,3 m aufrecht, buschig	lachsrosa mit gelb leicht gefüllt
'Mary Rose' Austin 1983	bis 1,2 m buschig, verzweigt	kräftig rosa locker gefüllt

'Abraham Darby'

Austin 1985
Höhe: 1,5–2 m
Wuchs: langtriebig, überhängend
Blütezeit: Juni – Herbst
Englische Rose

➤ **starkwüchsig und gesund**

Aussehen: Die Blüten sind groß und schalenförmig, locker gefüllt und besitzen einen köstlichen Duft. Die Blütenfarbe ist eine Kombination aus Aprikotfarben, Rosa und Blassgelb.
Besonderheiten: Das glänzende Laub ist wenig krankheitsanfällig. In regenreichen Gebieten hängen die nassen, schweren Blüten oft stark über.
Gestaltung: Diese Rose wird meist als Strauchrose verwendet, kann aber auch als niedrige Kletterrose an einer Wand oder einem Rankgitter gezogen werden.

'Gertrude Jekyll'

Austin 1986
Höhe: bis 1,5 m
Wuchs: kräftig, aufrecht
Blütezeit: Juni – Herbst
Englische Rose

➤ **widerstandsfähige Duftrose**

Aussehen: Die sehr großen Blüten sind rosettenförmig, dicht gefüllt und von einem kräftigen Rosa. Sie haben den klassischen Duft von Damascena-Rosen.
Besonderheiten: Die Blüten eignen sich gut für Rosen-Bowle oder für Rosenblüten-Gelee.
Gestaltung: Gute Anfängerrose für nostalgische Kombinationen mit anderen Duftpflanzen, für die Kübelbepflanzung, zur Einzelstellung und in Gruppen.

Expertentipp
Die »nickenden« Blüten wirken am besten als Kletterrose.

Expertentipp
Wegen ihres Duftes immer in »Nasennähe« pflanzen.

*Ob wirklich »alt« oder nur so aussehend –
diese charmanten Rosen liegen alle im Trend zur
romantischen Gartengestaltung.*

'Ghislaine de Féligonde'

Turbat 1916
Höhe: bis 2 m
Wuchs: buschig, überhängend
Blütezeit: Juli – Herbst
Alte Rose

➤ **frosthart und reich blühend**

Aussehen: Die kleinen, duftenden, stark gefüllten Blüten stehen in großen Büscheln. Sie verändern ihre Farbe im Aufblühen von Aprikotgelb hin zu Cremeweiß. Die Triebe sind fast stachellos.

Besonderheiten: Nach einer späten Hauptblüte bis in den Herbst hinein nachblühend.

Gestaltung: Für lockere Hecken, zur Einzelstellung; auch schön für Hochstämmchen und als niedrige Kletterrose.

'Jacques Cartier'

Moreau-Robert 1868
Höhe: 1–1,5 m
Wuchs: locker überhängend
Blütezeit: Juni und Herbst
Alte Rose

➤ **robuste Duftrose**

Aussehen: Die großen, stark duftenden Blüten dieser Portland-Rose sind von einem lebhaften Rosa, dicht gefüllt und geviertelt in der Form. In voller Sonne bleichen sie allerdings rasch aus. Das Laub ist dicht und kaum krankheitsanfällig.

Besonderheiten: Das Einkürzen der Triebe um ein Drittel führt zu einem kompakteren Wuchs.

Gestaltung: Diese Rose kann sowohl einzeln als auch in Gruppen gepflanzt werden. Gute Schnittrose.

'Rose de Resht'

Einführung aus Persien
Höhe: 80–100 cm
Wuchs: aufrecht, gedrungen
Blütezeit: Juni – Herbst
Alte Rose

➤ **winterharte Anfängersorte**

Aussehen: Diese Rose trägt kleine, dicht gefüllte, rosettige Blüten. Sie duften würzig-herb und sind von einem hellen Purpurrot. Das üppige, dunkelgrüne Laub ist wenig krankheitsanfällig und bildet einen schönen Hintergrund für die Blüten.

Besonderheiten: Der kompakte Wuchs macht diese Portland-Rose zur idealen Sorte für kleine Gärten.

Gestaltung: Sie eignet sich sowohl als Stammrose, für Kübel, in kleinen Gruppen, einzeln oder als niedrige Hecke.

Expertentipp
Wirkt am schönsten im freien Stand.

Expertentipp
Gut geeignet für einen halbschattigen Standort.

Expertentipp
Schön als Stammrose für die Mitte eines Kräuterbeetes.

Einmal b

ühende Strauchrosen

Einmalige, aber überreiche Blüte,
schöner Wuchs und gute Frosthärte – das alles bieten
einmal blühende Strauchrosen.

Die meisten Menschen halten Rosen für dauerblühende Pflanzen, und nur wenige wissen, dass die meisten alten Rosensorten einmal blühend waren. Erst seit etwa 150 Jahren nimmt der Anteil der öfter blühenden Sorten durch die Züchtungsarbeit immer mehr zu.

Elegante Riesen

Ein wichtiges Merkmal vieler einmal blühender Strauchrosen ist ihr schöner Wuchs. Während und nach der Blüte wachsen schon die Neutriebe für das nächste Jahr, die sich ungestört zu voller Länge entwickeln können. Je nach Rosenart oder -sorte sind diese Triebe dann weich und locker überhängend wie Wasserkaskaden oder streben in weiten Bögen in den Gartenraum. Vor allem die Wildrosen können erstaunliche Ausmaße annehmen, sowohl in der Höhe als auch in der Breite, sodass sie für kleinere Gärten meist zu unhandlich sind. Unter den Alten Rosen finden sich aber auch kleinere Sorten, wie zum Beispiel 'Charles de Mills'. Um den schönen Wuchs zu erhalten,

müssen Sie die Rosen aus dieser Gruppe natürlich anders schneiden als die öfter blühenden Sorten.

Blüten und andere Schätze

Natürlich haben auch die einmal blühenden Strauchrosen schöne Blüten! Bei den Wildrosen sind die Blüten eher einfach und von natürlichem Charme, bei Vertretern der Alten und der Englischen Rosen können sie jedoch auch stark gefüllt sein.
Einige der einfach blühenden Sorten zeichnen sich durch einen schönen Fruchtansatz nach der Blüte aus, der den Strauch manchmal bis in den Winter ziert. Die Hagebutten können von unterschiedlicher Größe und Form sein und floristisch, aber auch kulinarisch verwendet werden.
Nicht zuletzt spielt auch das Blattwerk eine nicht unbedeutende Rolle in der Gesamterscheinung. Es kann im Austrieb rötlich gefärbt sein oder wie bei *Rosa glauca* ganzjährig einen besonderen Farbton aufweisen. Rugosa-Rosen zeigen eine besonders schöne Herbstfärbung.

Das Urbild der Rose ist eine
einfache Blütenschale voll Anmut
und natürlichem Charme.

Alter Adel und moderne Zeiten

'Fritz Nobis'

Kordes 1940
Höhe: bis 1,8 m
Wuchs: kräftig, ausladend
Blütezeit: Juni
Moderne Strauchrose

➤ **edle Blüte, starker Wuchs**

Aussehen: Diese Sorte hat große, halb gefüllte Blüten in einem klaren, anfangs lachsgetönten Rosa. Der Duft erinnert an Apfelblüten. Das mittelgroße Laub ist matt hellgrün.

Besonderheiten: Sehr harmonischer Wuchs und gute Frosthärte. Auch in halbschattigen Lagen.

Gestaltung: Als Einzelstrauch oder mit anderen Blütengehölzen kombiniert. Auch für lockere Hecken geeignet.

'Königin von Dänemark'

Booth 1816
Höhe: bis 1,5 m
Wuchs: kräftig, locker
Blütezeit: Juni
Alte Rose

➤ **perfekte Blütenform**

Aussehen: Aus den dicken, rötlichen Knospen dieser *Rosa alba*-Sorte entwickeln sich große, tiefrosa Blüten mit wunderbarem Duft. Sie bilden flache, stark gefüllte Schalen, die geviertelt sind. Das hübsche Laub ist dunkelgraugrün.

Besonderheiten: Lange Blütezeit der regenfesten Blüten. Der Strauch ist auch nach der Blüte noch attraktiv.

Gestaltung: Einzeln oder in kleinen Gruppen, mit anderen Alten Rosen in lockeren Hecken.

'Leander'

Austin 1982
Höhe: 1,5–2 m
Wuchs: stark, aufrecht
Blütezeit: Juni – Juli
Englische Rose

➤ **verlässliche Duftrose**

Aussehen: Diese Rose trägt mittelgroße Blüten in offenen Büscheln. Sie sind wie dicht gefüllte Rosetten geformt, von einem weichen Aprikotrosa und duften intensiv fruchtig. Das Laub ist glänzend, groß und dunkelgrün.

Besonderheiten: Einzelne Blüten erscheinen auch noch nach der Hauptblüte. Das Laub ist sehr widerstandsfähig gegen Krankheiten.

Gestaltung: Schön als Einzelstrauch oder in kleinen Gruppen, auch in Kombination mit Beetstauden in sanften Farben.

Expertentipp
Die Blüten eignen sich gut für Rosen-Rezepturen.

Expertentipp
An einer Hauswand auch als Kletterrose geeignet.

*Sie blühen nur einmal im Sommer,
dafür sind sie meist frosthärter und wuchsstärker
als die öfter blühenden Sorten.*

'Maigold'

Kordes 1953
Höhe: 2 m
Wuchs: kräftig, überhängend
Blütezeit: Mai – Juni
Moderne Strauchrose

➤ früh blühend und frosthart

Aussehen: Die rötlichen Knospen öffnen sich zu großen, bronzegelben, halb gefüllten Blüten mit kräftigem Duft. Üppiges, glänzendes, widerstandsfähiges Laub und stark bestachelte Triebe.
Besonderheiten: Nach einem sehr frühen Hauptflor im Mai kommen im Lauf des Sommers noch einzelne Blüten nach.
Gestaltung: Als Einzelstrauch oder im Hintergrund einer Rabatte, auf Mauerkronen und für lockere Hecken.

'Maxima'

etwa 15. Jh. oder noch älter
Höhe: 1,8–2 m
Wuchs: sehr stark, aufrecht
Blütezeit: Juni
Alte Rose

➤ frosthart und robust

Aussehen: Diese sehr alte *Rosa alba*-Sorte hat mittelgroße, cremeweiße Blüten mit rosa Hauch beim Öffnen. Sie erscheinen in kleinen Büscheln und duften süß. Das Laub hat die typisch graugrüne Farbe der Alba-Rosen.
Besonderheiten: Langlebig, wächst auch noch auf schlechten Standorten. Wie alle weißen Alba-Rosen zeigt sie eine leichte Anfälligkeit für Rosenrost.
Gestaltung: In einer gemischten Hecke mit anderen Sträuchern oder als Solitärstrauch.

'Zigeunerknabe'

Geschwind/Lambert 1909
Höhe: bis 1,8 m
Wuchs: kräftig, buschig
Blütezeit: Juni
Alte Rose

➤ robust und reichblütig

Aussehen: Die mittelgroßen Blüten sind halb gefüllt und öffnen sich schalenförmig. Sie verändern die Farbe im Aufblühen von Karminrot zu einem satten Purpurviolett. Das üppige Laub ist derb und dunkelgrün. Die Triebe sind stark bestachelt.
Besonderheiten: Sehr frosthart. Im Herbst trägt diese Sorte runde, orangerote Hagebutten.
Gestaltung: Schön im Hintergrund von Rabatten, für lockere Hecken, im Einzelstand.

Expertentipp
Gut auch als Kletterrose für problematische Standorte.

Expertentipp
Gute Rosensorte für kalte Höhenlagen.

Expertentipp
Auch unter dem Namen 'Gipsy Boy' im Handel.

Rassige Wilde und ihre Nachkommen

Einmal blühende Strauchrosen

Name Züchter	Höhe Wuchs	Blütenfarbe Blütenform
'Constance Spry' Austin 1961	2–2,5 m stark, überhängend	rosa groß, halb gefüllt, schalenförmig
'Frühlingsduft' Kordes 1949	2 m kräftig, dicht	rosa mit Gelb dicht gefüllt
'Hagenbeck's Tierpark' Meilland, 1995	1,5 m breit, kräftig	karminrosa mittelgroß, halb gefüllt
'Nevada' Dot 1927	2 m buschig, überhängend	weiß einfach, schalenförmig
'Park Wilhelmshöhe' Kordes 1987	1,5 m breit buschig	karminrosa, locker gefüllt

Einmal blühende Wildrosen

Name Züchter	Höhe Wuchs	Blütenfarbe Blütenform
'Magnifica' Hesse 1916	1,8 m dichtbuschig	karminrosa halb gefüllt
'Pleine de Grace' Lens 1984	2–2,5 m stark, breit überhängend	weiß einfach, klein, in großen Rispen
Rosa californica 'Plena' Geschwind 1894	2–2,5 m dicht, überhängend	dunkelrosa klein, locker gefüllt
Rosa hugonis Hemsley 1899	2–2,5 m locker, überhängend	reingelb einfach, klein
Rosa pendulina 'Bourgogne' Interplant 1983	1,5 m dicht buschig	zartrosa, einfach, auffälliger Fruchtbehang!

Alte einmal blühende Strauchrosen

Name Züchter	Höhe Wuchs	Blütenfarbe Blütenform
Rosa alba 'Céleste' seit 1759	1,5–2 m aufrecht, kräftig	hellrosa halb gefüllt, groß
Rosa centifolia 'Fantin Latour'	1,5 m überhängend	zartrosa gefüllt, becherförmig
Rosa gallica 'Charles de Mills'	1,2 m aufrecht, überhängend	purpurrot dicht gefüllt, geviertelt

'Complicata'
Herkunft unbekannt
Höhe: 1,5–2 m
Wuchs: breit, überhängend
Blütezeit: Juni
Wildrosen-Hybride

➤ **robust und reichblühend**

Aussehen: Die sehr großen, einfachen Blüten sind leuchtend rosa mit hellerer Mitte. Sie erscheinen sehr zahlreich im Juni und duften. Das große Laub ist hellgrün und widerstandsfähig.

Besonderheiten: Das Laub bleibt im Herbst sehr lange am Strauch und verfärbt sich grauviolett.

Gestaltung: Schöne Rose für größere Gärten, im Einzelstand, auch auf Mauerkronen und anderen erhöhten Standorten, für Hecken, zum Beranken von kleineren Bäumen.

'Frühlingsgold'
Kordes 1937
Höhe: 1,8–2,2 m
Wuchs: stark, breit
Blütezeit: Mitte bis Ende Mai
Moderne Strauchrose

➤ **Frühblüher**

Aussehen: Die großen Blüten sind einfach bis halb gefüllt und schalenförmig. Die Farbe wechselt von Goldgelb zu Cremegelb im Verblühen. Das Laub ist eher klein und zierlich gefiedert.

Besonderheiten: Sehr frühe und überreiche Blüte mit starkem Duft. Gute Frosthärte und Gesundheit.

Gestaltung: Herrlicher Strauch zur Einzelstellung. Auch für gemischte Hecken aus Blütensträuchern.

Expertentipp
Auch auf mageren Böden gut wachsend.

Expertentipp
Blau blühende Clematis alpina-Sorten hineinranken lassen.

Diese Rosen zeichnen sich besonders durch temperamentvollen Wuchs, auffallende Früchte oder außergewöhnliches Blattwerk aus.

Rosa moyesii 'Geranium'

Wisley Garden 1938
Höhe: bis 2,5 m
Wuchs: offen, stark
Blütezeit: Juni
Wildrosen-Hybride

➤ **Blüten- und Fruchtschmuck**

Aussehen: Diese besondere Wildrosen-Sorte hat einfache, mittelgroße Blüten in einem leuchtenden Scharlachrot. Das Laub ist fein und mittelgrün.

Besonderheiten: Die flaschenförmigen, leuchtend orangeroten Hagebutten erscheinen sehr zahlreich. Sie schmücken den Strauch von August bis Oktober.

Gestaltung: Im Einzelstand oder als Gruppe in größeren Gärten, im Hintergrund von Rabatten, mit Stauden unterpflanzt.

Rosa glauca

Hechtrose
Höhe: 2–3 m
Wuchs: aufrecht, überhängend
Blütezeit: Juni
Wildrose

➤ **Laubschönheit**

Aussehen: Kräftig rosa Blüten mit weißem Auge sitzen in dicken Büscheln an dieser heimischen Rose. Sie sind zwar klein, kontrastieren aber gut zu dem interessanten Laub mit seiner grauvioletten Bereifung.

Besonderheiten: Das Laub verfärbt sich im Herbst orangerot; braunrote Hagbutten.

Gestaltung: Sehr schönes Farbgehölz zur Einzelstellung oder in Gruppen, auch im Halbschatten und für Höhenlagen; für Hecken, mit anderen Gehölzen und Stauden kombiniert.

'Scharlachglut'

Kordes 1952
Höhe: bis 2,5 m
Wuchs: stark, überhängend
Blütezeit: Juni
Moderne Strauchrose

➤ **frosthart mit Fruchtschmuck**

Aussehen: Die sehr großen, einfachen Blüten leuchten in einem samtigen Scharlachrot, wozu die goldenen Staubgefässe schön kontrastieren. Das große Laub ist mittelgrün und bronzefarbig im Austrieb.

Besonderheiten: Die großen orangefarbigen Hagebutten halten sich lange am Strauch.

Gestaltung: Einzeln, für größere Gärten, in Hecken mit anderen Gehölzen.

Gute Partner
Diamant-Gras (Achnatherum brachytrichum) und Dost (Origanum vulgare)

Kletternde Rosen

Mit den üppigen Blütenkaskaden der Kletterrosen lassen sich Garten oder Haus mit romantischem Flair verzaubern.

Das Klettern liegt in der Natur der Rosen. Wenn sie die Möglichkeit dazu bekommen, hangeln sich zum Beispiel viele Wildrosen mit ihren stachligen Trieben an Sträuchern und Bäumen empor. Unsere kultivierten Kletterrosen wurden allerdings speziell für diesen Zweck gezüchtet oder ausgelesen.

Climber oder Rambler

In diesem Buch erfolgt die Einteilung der Kletterrosen in einmal und öfter blühende Sorten.

➤ Bis auf wenige Ausnahmen handelt es sich bei den öfter blühenden Kletterrosen um so genannte Climber (englisch: Kletterer). Es sind meist großblumige Sorten, mit einem starktriebigen und etwas steifen Wuchs, die 2–3,5 m hoch werden können. Einige dieser Rosen sind spontan aus Floribunda- und Edelrosen entstanden, andere entstammen Kreuzungen dieser Rosen mit kletternden Sorten. Hierzu zählen vor allem die Modernen Kletterrosen.

➤ Die meisten einmal blühenden Kletterrosen sind Rambler (englisch: Umherschweifer) mit großen Büscheln meist kleiner Blüten und langen, biegsamen Trieben. Sie sind sehr starkwüchsig, einige Sorten können 6 m oder höher hinaufklettern. In den letzten Jahren sind auch öfter blühende Rambler gezüchtet worden, die sich wegen ihrer geringeren Wuchshöhe gut für kleinere Gärten eignen.

Mauern und Pergolen

Mit Kletterrosen lassen sich, vor allem auch in kleineren Gärten, sehr gut senkrechte Flächen mit einer blühenden Pflanzendecke überziehen.

➤ Schwachwüchsige Climber eignen sich gut zur Begrünung niedriger Mauern, kleiner Rosenbögen und Säulen.

➤ Die weichtriebigen Rambler sind ideal zum Überwachsen von Pergolen, Laubengängen, Rankgerüsten und Zäunen. An heißen Hauswänden leiden sie allerdings oft an Mehltau.

➤ Schön wirken Rambler auch, wenn man sie in Bäume und Sträucher klettern lässt, die allerdings nicht zu klein sein dürfen, da sie sonst die Last dieser vitalen Rosen nicht tragen können.

Neben ihrem interessanten Wuchs faszinieren viele Kletterrosen auch durch ihre grandiose Blütenfülle.

Öfter blühende Kletterer

'Dortmund'

Kordes 1955
Höhe: 3–4 m
Wuchs: stark, überhängend
Blütezeit: Juni – Herbst
Climber

➤ **frosthart und verlässlich**

Aussehen: Aus spitzen Knospen entwickeln sich große, einfache Blüten. Die Blütenblätter sind gewellt und karmesinrot mit weißer Mitte. Das glänzende, tief dunkelgrüne Laub ist sehr widerstandsfähig.

Besonderheiten: Verträgt auch heiße Südlagen, Halbschatten und Höhenlagen. Pollenspender für Bienen und andere Insekten.

Gestaltung: Zur Berankung von Pergolen, Mauern und Zäunen.

'Goldstern'

Tantau 1966
Höhe: 2–3 m
Wuchs: aufrecht, buschig
Blütezeit: Juni – Herbst
Climber

➤ **haltbare, farbstabile Blüte**

Aussehen: Die Knospen öffnen sich zu gut gefüllten, großen Blüten in reinem Goldgelb. Die üppige Belaubung ist sattgrün.

Besonderheiten: Winterharte Sorte mit guter Krankheitsresistenz.

Gestaltung: Schöne Rose zum Beranken von Pfeilern und Mauern, auch frei stehend als Strauchrose oder Hochstämmchen möglich.

'Kir Royal'

Meilland 1995
Höhe: 2–3 m
Wuchs: buschig, überhängend
Blütezeit: Juni – Herbst
Climber

➤ **gesund und interessant**

Aussehen: Die Knospen öffnen sich zu mittelgroßen, halb gefüllten Schalen mit außergewöhnlicher Färbung. Die Blütenblätter sind auf zartrosa Grund wie rot übertuscht.

Besonderheiten: Das hellgrüne Laub ist außerordentlich widerstandsfähig gegen Krankheiten.

Gestaltung: Für niedrige Hauswandspaliere und Zäune, sowie zur Einzelstellung als Strauch.

Expertentipp
Eine Sorte für schwierige Rosen-Standorte.

Gute Partner
Dunkelviolette Clematis wie 'Etoile Violette'.

Gute Partner
Rotlaubige Gehölze oder dunkelrot blühende Clematis.

*Durch ihren Einsatz an Mauern,
Zäunen und Hauswänden lassen sich mit diesen Rosen
auch kleinste Gärten verschönern.*

'Morning Jewel'

Cocker 1968
Höhe: 2–3 m
Wuchs: kräftig, überhängend
Blütezeit: Juni – Herbst
Climber

➤ **robust und farbkräftig**

Aussehen: Diese Rose blüht überreich. Die mittelgroßen, halb gefüllten Blüten strahlen in einem sehr kräftigen und farbstabilen Pink und duften angenehm.
Besonderheiten: Für Standorte geeignet, an denen andere Kletterrosen versagen, z.B. heiße Südlagen.
Gestaltung: Gut geeignet zur Begrünung von Pergolen, Wänden und Rankbögen, auch als hohe Stammrose sehr ansprechend.

'Santana'

Tantau 1985
Höhe: 2–3 m
Wuchs: buschig-aufrecht, stark
Blütezeit: Juni – Herbst
Climber

➤ **robust und frosthart**

Aussehen: Die dunkel blutroten Blüten sind groß, gut gefüllt und sehr farbbeständig, duften aber nur leicht. Das ledrige, dunkelgrüne Laub ist glänzend und groß.
Besonderheiten: Fortlaufend nachtreibend mit regenfesten Blüten.
Gestaltung: Vielseitig einsetzbar zum Begrünen von Hauswänden, Zäunen etc., auch schön für Kübel und als Hochstämmchen.

'Schneewalzer'

Tantau 1987
Höhe: 2,5–3 m
Wuchs: stark, gut verzweigt
Blütezeit: Juni – Herbst
Climber

➤ **großblumig und starktriebig**

Aussehen: Die edlen, sehr stark gefüllten Blüten sind reinweiß. Dazu kontrastiert das dunkelgrüne, glänzende Laub besonders gut.
Besonderheiten: Die Pflanze bildet sehr starke Grundtriebe und wächst langsam.
Gestaltung: Durch den starktriebigen, steifen Wuchs eher für niedrige Mauern und Rankgitter geeignet oder für den Einzelstand als Strauch, weniger für Pergolen und Rankbögen.

Expertentipp
*Zuverlässig auch an schwierigen
Standorten wie Südlagen.*

Himmelsstürmer in breiter Farbpalette

'Albertine'

Barbier 1921
Höhe: 4,5 m
Wuchs: verzweigt, buschig
Blütezeit: Juni
Rambler

➤ **verlässlich und blühwillig**

Aussehen: Die wunderbar korallenroten Knospen öffnen sich zu großen, locker gefüllten, lachsrosa Blüten mit intensivem, fruchtigem Duft. Das kleine Laub ist glänzend und dick. Die jungen Triebe sind kupferfarben und kräftig bestachelt.

Besonderheiten: Auf luftigen Standort achten. An heißen Wänden anfällig für Mehltau.

Gestaltung: Zur Bekleidung von Zäunen, Pergolen und Rankbögen oder als frei stehender Strauch.

'Alchymist'

Kordes 1956
Höhe: 3–4 m
Wuchs: stark, aufrecht
Blütezeit: Juni
Rambler

  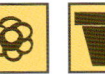 

➤ **vielseitig mit üppiger Blüte**

Aussehen: Die dicht gefüllten Blüten sind rosettig und öffnen sich flach im Stil der Alten Rosen. Das schöne Farbspiel geht von Orangegelb bis zu Cremeweiß-Rosa im Verblühen. Der Duft hat Tee- und Honignoten.

Besonderheiten: An heißen Mauern anfällig für Mehltau.

Gestaltung: Sowohl als frei stehender Solitärstrauch als auch zur Begrünung von Pfeilern, Pergolen und Rosenbögen gut geeignet.

'Alexandre Girault'

Barbier 1908
Höhe: bis 4 m
Wuchs: langtriebig, dicht
Blütezeit: Juni
Rambler

➤ **prächtige Farbwirkung**

Aussehen: Die rötlichen Knospen öffnen sich zu mittelgroßen, dicht gefüllten Blüten. Sie sind karminrot mit lachsfarbenem Schimmer und verströmen einen fruchtigen Duft. Das Laub ist dunkelgrün und glänzend.

Besonderheiten: Ein Rambler mit ungewöhnlich kräftiger Blütenfarbe und wenig Stacheln.

Gestaltung: Zur Bekleidung von Pergolen, Rankbögen, Lauben und Zäunen gut geeignet.

Expertentipp
Weiß blühende Clematis 'Huldine' hineinranken lassen.

Durch fachgerechtes Binden und zurückhaltenden Schnitt lassen sich auch die ungestümen Rambler-Rosen gut bändigen.

'Flammentanz'
Kordes 1955
Höhe: 4–5 m
Wuchs: stark, langtriebig
Blütezeit: Juni
Rambler

➤ **frosthart**

Aussehen: Diese Rose trägt eine große Fülle feurigroter, mittelgroßer, gut gefüllter Blüten. Das Laub ist dicht und mattgrün.
Besonderheiten: Besonders robust und widerstandsfähig gegen Krankheiten.
Gestaltung: Zum Einwachsen von Rankgerüsten, Pergolen und Rosenbögen, als Blütenkaskade von Mauerkronen herabhängend und zum Verdecken unschöner Wände.

'Maria Lisa'
Brümmer 1925/Liebau 1936
Höhe: bis 3 m
Wuchs: stark, dicht buschig
Blütezeit: Juni – Juli
Rambler

➤ **lang und reich blühend**

Aussehen: Diese Rose trägt ihre kleinen, einfachen Blüten in großen Trauben. Sie sind rosenrot mit weißer Mitte. Das Laub ist mittelgrün und glänzend.
Besonderheiten: Die Blüten sind sehr haltbar an der Pflanze und fallen erst spät ab. Die Triebe sind fast stachellos.
Gestaltung: Zur Begrünung von Pergolen, Zäunen und kleineren Rosenbögen gut geeignet. Aber auch schön als Trauer-Hochstämmchen oder zum Überranken von kräftigen Sträuchern.

'Veilchenblau'
Schmidt 1909
Höhe: 4 m
Wuchs: stark
Blütezeit: Juni
Rambler

➤ **besondere Farbrose**

Aussehen: Die kleinen, locker gefüllten Blüten stehen in großen Büscheln zusammen. Das interessante Farbspiel reicht von Purpurviolett bis hin zu Lilagrau. Die goldgelben Staubgefäße heben sich kontrastreich von der weißen Blütenmitte ab. Hinzu kommt ein frisch-fruchtiger Duft. Das Laub ist hellgrün.
Besonderheiten: Ziemlich frostharte Sorte. Die Triebe sind fast stachellos.
Gestaltung: Zur Berankung von Bögen und Pergolen.

Expertentipp
Auch für extrem sonnige Plätze und Höhenlagen gut geeignet.

Expertentipp
Nicht für sehr kalte Lagen geeignet!

Sommerliche Blütengirlanden in Weiß

Öfter blühende Kletterrosen

Name Züchter	Höhe Wuchs	Blütenfarbe Blütenform
'Colonia' Meilland 1988	2–3 m buschig, aufrecht	dunkelrot halb gefüllt, schalenförmig
'Golden Showers' Lammerts 1956	2–3 m buschig, aufrecht	zitronengelb gefüllt, flach
'Ilse Krohn Superior' Kordes 1965	3 m stark, aufrecht	reinweiß stark gefüllt
'New Dawn' Somerset Nursery 1930	3–4 m kräftig, dicht	zartrosa-weiß locker gefüllt
'Parade' Boerner 1953	3–4 m kräftig	karminrosa dicht gefüllt
'Super Excelsa' Hetzel 1986	2–3 m dünn- und weichtriebig	karminrosa gefüllt, klein

Einmal blühende Kletterrosen

'Albéric Barbier' Barbier 1900	5 m und mehr weichtriebig, kräftig	weiß mit hellgelb dicht gefüllt
'Bonny' Nieborg/Kordes 1998	bis 3 m langtriebig, buschig	reinrosa gefüllt, klein
'Débutante' Walsh 1902	bis 3 m kräftig, buschig	reinrosa klein, dicht gefüllt
'Goldfinch' Paul 1907	3 m dicht, buschig	hellgelb-weiß klein, halb gefüllt
'Gruß an Zabern' 1903	5 m kräftig, lang- triebig	reinweiß gefüllt
'Heidekönigin' Kordes 1985	2–2,5 m stark, lang- triebig	rosa gefüllt
'Mme Sancy de Parabère' Bonnet 1874	bis 5 m langtriebig, fast stachellos	reinrosa flach gefüllt, groß
'Paul Noel' Tanne 1913	3–4 m langtriebig	kupferrosa dicht gefüllt, mittelgroß
'Snowflake' Cant 1922	3–3,5 m weichtriebig	weiß gefüllt, klein

'Bobby James'

Sunningdale Nurseries 1961
Höhe: bis 5 m
Wuchs: stark, langtriebig
Blütezeit: Juni
Rambler

➤ **vitale Rose mit Duft**

Aussehen: Die unzähligen kleinen Blüten stehen in großen Büscheln zusammen. Sie sind halb gefüllt, rahmweiß, mit gut sichtbaren Staubgefäßen und verströmen einen intensiven Moschusduft. Das mittelgrüne Laub ist glänzend und dicht.
Besonderheiten: Die Sorte wächst auch gut im Halbschatten und setzt im Herbst kleine Hagebutten an.
Gestaltung: Im Hausgarten meist nur als Einzelexemplar zu verwenden, zur Begrünung von Hauswänden, großen Pergolen und Bäumen.

'Direktor Benschop'

Tantau 1945
Höhe: bis 5 m
Wuchs: stark, langtriebig
Blütezeit: Juni
Climber

➤ **reich blühend und elegant**

Aussehen: Aus gelben Knospen entwickeln sich mittelgroße, halb gefüllte Blüten mit gut sichtbaren Staubgefäßen. Sie sind rahmweiß und besitzen einen weithin wahrnehmbaren, blumig-süßen Duft. Das widerstandsfähige Laub ist glänzend dunkelgrün.
Besonderheiten: Nach starker Hauptblüte Anfang Juni während des Sommers leicht nachblühend.
Gestaltung: Mit ihren langen Ranken ideal zum Begrünen von Rosenbögen, Pergolen, Zäunen und Hauswänden.

Expertentipp
Bei der Platzwahl die Wuchskraft nicht unterschätzen!

Denken Sie bei der Wahl des Standorts für diese eleganten Schönheiten an ihren meist sehr starken Wuchs.

'Lykkefund'

Olsen 1930
Höhe: 5–6 m
Wuchs: kräftig, buschig
Blütezeit: Juni
Rambler

➤ **frosthart mit starkem Duft**

Aussehen: Die mittelgroßen, halb gefüllten Blüten in Cremegelb mit einem rosa Hauch verblassen schnell in der Sonne. Dafür duften sie aber besonders stark. Das Laub ist glänzend dunkelgrün.
Besonderheiten: Vollkommen stachellose Sorte.
Gestaltung: Schön zur Berankung von Bäumen und Sträuchern. Auch für Pergolen und Rankbögen geeignet.

'Madeleine Selzer'

Walter 1926
Höhe: 3–4 m
Wuchs: starktriebig, buschig
Blütezeit: Juni
Rambler

➤ **charmant und frosthart**

Aussehen: Die gefüllten, elfenbeinfarbenen Blüten erscheinen in großer Fülle und verströmen einen guten Duft. Sie verändern im Aufblühen ihre Form von kugelig zu schalenförmig. Die Triebe sind rötlich und fast stachellos. Das Laub ist breitblättrig und glänzend.
Besonderheiten: Sehr frostharte Sorte.
Gestaltung: Zur Bekleidung von Pergolen, Mauern und Rankgittern.

'Rambling Rector'

Herkunft unbekannt
Höhe: 6 m
Wuchs: stark, dicht buschig
Blütezeit: Juni
Rambler

➤ **robust und reich blühend**

Aussehen: Die in großen Büscheln erscheinenden, halb gefüllten Blüten sind klein und rahmweiß. Sie duften köstlich und zeigen auffällig ihre gelben Staubgefäße.
Besonderheiten: Im Herbst entwickeln sich unzählige kleine, rote Hagebutten.
Gestaltung: Sehr gut zum Bewachsen von Bäumen, Pergolen und Rosenbögen, aber auch als frei wachsender Strauch im Einzelstand.

Expertentipp
Wegen der Stachellosigkeit besonders gut in Sitzplatznähe.

Expertentipp
Die Zweige mit den Hagebutten passen wunderbar in herbstliche Sträuße.

Fläc

hig wachsende Rosen

Ihre handliche Größe und Robustheit machen flächendeckende Rosen zu idealen Pflanzen für kleine und pflegeleichte Gärten.

Vielfalt ist Trumpf bei diesen Rosensorten – Wuchshöhe und Wuchsformen sowie die Ausprägung der Blüten in Form und Farbe sind sehr unterschiedlich. Daraus resultieren auch die vielseitigen Verwendungsmöglichkeiten dieser Rosengruppe.

Bodendeckend oder nicht?

Flächenrosen waren bisher unter der Bezeichnung »Bodendecker« im Handel. Sie wurden ursprünglich als Alternative zu den großflächig verwendeten Bodendeckern wie Cotoneaster gezüchtet. Es hat sich jedoch bald gezeigt, dass diese Sorten die ihnen zugedachte Aufgabe nicht wirklich erfüllen, denn die meisten wachsen zu locker und zu hoch, um den Boden wirklich abzudecken, und das Jäten von Unkraut zwischen den stachligen Rosentrieben ist auch nicht gerade angenehm.

Phantasievolle Verwendung

Flächenrosen haben dem Gartenbesitzer weit mehr zu bieten als nur große Flächen zu begrünen:

➤ Sie lassen sich gut mit vielen Stauden und Kleingehölzen kombinieren oder als Vorpflanzung von großen Gehölzen verwenden.

➤ Auch als Hochstammrose können Sorten wie 'Alba Meidiland' beträchtlichen Charme versprühen.

➤ Mit sehr langtriebigen Rosen wie 'Heidekönigin' können Sie niedrige Zäune und Mauern in Blütenwände verwandeln.

➤ Die höheren Sorten, wie 'Windrose' oder 'Ballerina', die man besser als Kleinstrauchrosen bezeichnet, sind ein guter Strauchrosen-Ersatz für kleine Anlagen.

Wollen Sie die Rosen in größeren Flächen anpflanzen, zum Beispiel an Böschungen oder im Straßen-Begleitgrün, dann wählen Sie am besten wurzelechte Rosen (→ Seite 14), also Sorten, die aus Stecklingen gezogen werden, denn diese bilden keine Wildtriebe, die sonst oft die Edelsorte überwachsen. Sie können sie alle paar Jahre einfach auf etwa 20–30 cm abmähen oder abschneiden, ein jährlicher Schnitt entfällt.

Viele Flächenrosen sind mit ihren pollenreichen Blüten eine gute Nahrungsquelle für Insekten.

Pastellfarbene Blütenteppiche

'Alba Meidiland'

Meilland 1987

Höhe: 60–70 cm
Wuchs: breit, überhängend
Blütezeit: Juli – Spätherbst
Flächendecker

➤ **frosthart und reich blühend**

Aussehen: Die kleinen, stark gefüllten, weißen Blüten stehen in großen Dolden an dem breit buschigen Strauch.

Besonderheiten: Die Blüten sind regenfest und erscheinen auch an den einjährigen Langtrieben. Wurzelecht (→ Seite 14) lieferbar. Gute Widerstandskraft gegen Pilzkrankheiten.

Gestaltung: Einzeln oder in Gruppen gepflanzt, auch für Kübel, als Stammrose, auf Mauerkronen und Böschungen.

3–4 Stück pro Quadratmeter.

'Celina'

Noack 1997

Höhe: 60–80 cm
Wuchs: buschig
Blütezeit: Juni – Herbst
Flächendecker

➤ **robust mit besonderer Farbe**

Aussehen: Die halb gefüllten Blüten in einem weichen Hellgelb stehen in Büscheln zusammen. Die Staubgefäße sind sehr schön sichtbar.

Besonderheiten: Das glänzende Laub ist recht widerstandsfähig gegen Pilzkrankheiten. Auch für heiße Lagen geeignet.

Gestaltung: Guter Flächendecker, auch für Böschungen, zur Kübelbepflanzung und zur Kombination mit niedrigen Stauden.

4 Stück pro Quadratmeter.

'Lavender Dream'

Interplant 1985

Höhe: 60 cm
Wuchs: buschig, verzweigt
Blütezeit: Juni – Herbst
Flächendecker

➤ **kompakt und reich blühend**

Aussehen: Die halb gefüllten Blüten in einem besonderen Lavendelrosa stehen in großen Dolden und duften stark. Das matt glänzende Laub ist schmal und zierlich.

Besonderheiten: ADR-Rose 1987. Gedeiht auch noch an heißen Standorten.

Gestaltung: Ideale Rose zur Kombination mit Stauden, für Kübel und zur flächigen Pflanzung.

2–3 Stück pro Quadratmeter.

Expertentipp
Schön als Hochstämmchen in »Weißen Gärten«.

Expertentipp
Im Kübel mit Polster-Glockenblumen kombinieren.

Gute Partner
Violett blühende Stauden wie Hain-Salbei und Feinstrahl.

*Diese robusten Rosen bieten Ihnen eine
breite Palette an Wuchsformen und damit auch viele
Einsatzmöglichkeiten im Garten.*

'Schneeflocke'

Noack 1991
Höhe: 40–50 cm
Wuchs: breitbuschig, verzweigt
Blütezeit: Juni – Herbst
Flächenrose/Beetrose

➤ **robust und gesund**

Aussehen: Die großen Büschel halb gefüllter, reinweißer Blüten erscheinen schon früh und blühen bis in den Spätherbst hinein. Das mittelgrüne Laub ist glänzend.
Besonderheiten: Besitzt eine hohe Widerstandsfähigkeit gegen Blattkrankheiten. ADR-Rose 1991.
Gestaltung: Hervorragend als Flächendecker und Beetrose, auch schön als Stammrose, zur Kübelbepflanzung und für Gräber.
4 Stück pro Quadratmeter.

'Schöne Dortmunderin'

Noack 1991
Höhe: 60–70 cm
Wuchs: buschig, aufrecht
Blütezeit: Juni – Herbst
Flächenrose/Beetrose

➤ **regenfest und lang blühend**

Aussehen: Die kleinen Blüten stehen in kegelförmigen Blütenständen. Sie sind reinrosa und halb gefüllt. Das mittelgroße Laub ist glänzend.
Besonderheiten: ADR-Rose 1992. Sie blüht sehr reich und reinigt sich gut selbst. Das Laub ist sehr widerstandskräftig.
Gestaltung: Vielseitig verwendbare Sorte! Sowohl für einheitlich flächige Pflanzungen in klassischen Rosenbeeten oder auch mit Stauden kombiniert. Robuste Rose für Pflanzgefäße.
4 Stück pro Quadratmeter.

'Windrose'

Noack 1993
Höhe: 80–110 cm
Wuchs: verzweigt, überhängend
Blütezeit: Juni – Herbst
Kleinstrauchrose

➤ **harmonisch und robust**

Aussehen: Die Blüten stehen in lockeren Dolden. Sie sind leicht gefüllt, zartrosa und verströmen einen leichten Duft. Das Laub ist sehr widerstandsfähig und glänzt dunkelgrün.
Besonderheiten: ADR-Rose 1995. Guter Pollenspender für Bienen und andere Insekten. Gut nachtreibend.
Gestaltung: Für flächige Pflanzungen und in Gruppen mit Stauden und Kleingehölzen kombiniert.
2 Stück pro Quadratmeter.

Gute Partner
Unterpflanzung mit Braunelle (Prunella grandiflora) 'Loveliness'.

Wogendes Farbenmeer

Flächenrosen in Pastelltönen

Name Züchter	Höhe Wuchs	Blütenfarbe Blütenform
'Aspirin Rose' Tantau 1997	60–80 cm breit-buschig	reinweiß mittelgroß, halb gefüllt
'Ballerina' Bentall 1937	60–80 cm mittelstark, überhängend	rosa mit Weiß klein, einfach, in großen Dolden
'Bingo Meidiland' Meilland 1991	50–60 cm buschig, überhängend	zartrosa-weiß mittelgroß, einfach
'Dagmar Hastrup' Poulsen 1914	60–80 cm aufrecht, kompakt	hellrosa mittelgroß, einfach
'Dortmunder Kaiserhain' Noack 1999	bis 100 cm bogig, verzweigt	lachsrosa rosettig, gefüllt
'Estima' Noack 1999	bis 110 cm breit, überhängend	hellrosa-gelb mittelgroß, gefüllt
'Sommerwind' Kordes 1985	60 cm buschig, verzweigt	reinrosa mittelgroß, halb gefüllt
'White Meidiland' Meilland 1985	50 cm ausladend, niederliegend	reinweiß mittelgroß, stark gefüllt

Flächenrosen in kräftigen Farben

'Alcantara' Noack 1999	60 cm breitbuschig	dunkelrot einfach
'Mainaufeuer' Kordes 1990	50 cm kompakt, breit	blutrot mittelgroß, gefüllt
'Mirato' Tantau 1990	60 cm buschig, breit	leuchtendpink mittelgroß, gefüllt
'Polarsonne' Strobel 1991	40–60 cm stark, buschig	karminrot gefüllt
'Purple Haze' Tantau 1998	60 cm breitbuschig	purpurrot mittelgroß, einfach
'Rosy Carpet' Interplant 1984	bis 120 cm kompakt, breitbuschig	karminrosa mit Weiß einfach
'Sommerabend' Kordes 1995	30–40 cm flach, buschig	leuchtend dunkelrot einfach, klein

'Austriana'
Tantau 1997
Höhe: 60–80 cm
Wuchs: breit, buschig
Blütezeit: Juni – Herbst
Flächenrose

➤ **lang und reich blühend**

Aussehen: Die halb gefüllten Schalenblüten in leuchtendem Blutrot stehen in Dolden. Das Laub ist dicht und glänzend.

Besonderheiten: Die Blüten sind sehr farbstabil und reinigen sich gut selbst.

Gestaltung: Sehr gut für größere Flächenpflanzungen und in Gruppen zu Kleingehölzen.
Auch als Beetrose geeignet.
4 Stück pro Quadratmeter.

'Gelbe Dagmar Hastrup'
Moore/Meilland 1989
Höhe: 60–80 cm
Wuchs: buschig, aufrecht
Blütezeit: Juni – Herbst
Flächendecker/Rugosa-Rose

➤ **frosthart und robust**

Aussehen: Diese Rose trägt halb gefüllte, mittelgroße Blüten mit starkem Duft. Sie sind voll erblüht kräftig gelb und hellen im Abblühen etwas auf. Das typische, etwas runzlige Rugosa-Laub ist widerstandsfähig gegen Blattkrankheiten.

Besonderheiten: Pollenspender für Bienen und andere Insekten. Wurzelecht, auch salztolerant.

Gestaltung: Für Einzelstellung oder in Gruppen, auch im Straßenbereich, für Kübel und in Kombination mit Gehölzen und Stauden.

Expertentipp
Schön vor dunkelgrünem Hintergrund (z. B. Eibe).

Diese Rosen sind meist »selbstreinigend«,
das heißt, verwelkte Blütenblätter fallen von selbst ab und
müssen nicht abgeschnitten werden.

### 'Heidetraum'	### 'Palmengarten Frankfurt'	### 'Red Yesterday'

Noack 1988

Höhe: 70–80 cm
Wuchs: buschig, überhängend
Blütezeit: Juli – Spätherbst
Flächenrose

➤ **robust und blühwillig**

Aussehen: Die leuchtend karminrosa Blüten stehen in großen Büscheln zusammen. Sie sind halb gefüllt und regenfest. Das Laub ist widerstandsfähig und glänzend.
Besonderheiten: Die Blüte setzt spät ein, hält aber lange an. ADR-Rose 1990. Auch für heiße Südlagen. Als Schnittrose geeignet.
Gestaltung: Für Einzel- oder Gruppenpflanzung, für Kübel, Ampeln und Kästen, als niedrige Stammrose, zur Grabbepflanzung.
2–3 Stück pro Quadratmeter.

Kordes 1988

Höhe: ca. 70 cm
Wuchs: breit, überhängend
Blütezeit: Juni – Herbst
Flächenrose

➤ **gesund, mit Fernwirkung**

Aussehen: Die schalenförmigen Blüten sitzen in Büscheln an den Triebenden. Sie sind mittelgroß, gefüllt und von einem kräftigen Karminrosa. Das frischgrüne, glänzende Laub ist sehr dekorativ.
Besonderheiten: Deckt Pflanzflächen schnell ab. Robuste Rose auch für ungünstige Lagen.
Gestaltung: Für kleine oder große Gruppen, zum Überwachsen von Mauerkronen und für Pflanzgefäße geeignet.
2–3 Stück pro Quadratmeter.

Harkness/Rosenunion 1978

Höhe: 60–80 cm
Wuchs: überhängend
Blütezeit: Juni – Herbst
Flächenrose

➤ **bewährt, überreich blühend**

Aussehen: Diese Rose blüht mit einer Fülle von kleinen, einfachen Blüten in großen Dolden. Sie sind leuchtend karminrot mit weißer Mitte. Das glänzende, hellgrüne Laub ist widerstandsfähig gegen Blattkrankheiten.
Besonderheiten: Blüten regenfest und gute Pollenspender für Bienen und andere Insekten.
Gestaltung: Guter Flächendecker für Hanglagen, auch für niedrige Hecken und zur Kombination mit Stauden und Kleingehölzen.
2–3 Stück pro Quadratmeter.

Expertentipp
Wichtige »Allround-Rose«

Gute Partner
Weißes Fingerkraut (Potentilla fruticosa v. mandshurica)

Beet-,

Edel- und Zwergrosen

Beet-, Edel- und Zwergrosen zählen zu den Klassikern unter den Rosen. Sie sind nach wie vor wichtige Farbträger und Schnittblumen im Hausgarten.

Beet-, Edel- und Zwergrosen mit ihren sehr unterschiedlichen Eigenschaften sind allesamt recht beliebt bei Gartenbesitzern.

Rosen fürs Blumenbeet

Unter »Beetrosen« wurden hier Rosen zusammengefasst, die früher als Floribunda- und Polyantha-Rosen bezeichnet wurden.

➤ Sie sind öfter blühend und zeichnen sich alle durch kompakten und verzweigten Wuchs von bis zu 80 cm Höhe aus.

➤ Die Blüten erscheinen in Büscheln und sind sehr vielseitig in Form und Farbe.

Der »Floribunda-Typ« kann auch sehr große, edelrosenartige Blüten tragen, wie zum Beispiel die Sorte 'Apricot Nectar', während Sorten wie 'Heidefeuer' in ihrem Aussehen den Flächenrosen ähneln.

Beetrosen lassen sich gut in kleinen oder großen Gruppen auf Rosenbeete pflanzen oder mit Stauden und Sommerblumen kombinieren und liefern auch gute Schnittblumen.

Edle Blüten zum Schnitt

Edelrosen – auch Teehybriden genannt – sind aufgrund ihrer wunderbaren, meist sehr großen und farbenprächtigen Blüten auch als Schnittblumen sehr gefragt. Einige Sorten besitzen außerdem auch einen guten Duft. Allerdings lassen Wuchs und Gesundheit der meisten Edelrosen sehr zu wünschen übrig. Die steifen, aufrechten Triebe und die oft magere Belaubung machen den gestalterischen Einsatz im Garten schwierig. Am ehesten lassen sie sich noch auf einem gesonderten Schnittblumenbeet unterbringen. Edelrosen benötigen jedenfalls viel Pflege und Aufmerksamkeit, um richtig zur Geltung zu kommen.

Rosen für kleinste Flächen

Zwergrosen können auch auf kleinsten Flächen im Garten untergebracht werden, wachsen aber am besten in Töpfen und Kästen. Sie schmücken Balkone, Terrassen und Fensterbretter mit reicher Blütenfülle in einer breiten Farbpalette. Am beliebtesten sind zur Zeit Sorten mit dicht gefüllten Blüten.

Typisch für Edelrosen ist eine elegant gewickelte Blüte, die sich langsam öffnet.

Potpourri aus Blütenbüscheln

'Apricot Nectar'

Boerner 1965
Höhe: 70–80 cm
Wuchs: aufrecht, buschig
Blütezeit: Juni – Herbst
Floribunda-Rose

➤ **edle Blüte**

Aussehen: Diese Rose trägt sehr große, edelrosenförmig gefüllte Blüten in kleinen Büscheln. Sie sind aprikotorange mit rosa Tönung. Das Laub ist mittelgrün und glänzend.
Besonderheiten: Die Blüten duften intensiv und fruchtig. Die Sorte ist sehr reich blühend.
Gestaltung: Flächig oder in Gruppen als Beetrose. Sehr schöne Schnittblume! Eventuell auch in Kombination mit Sommerblumen und Stauden.
5–6 Stück pro Quadratmeter.

'Bernstein Rose'

Tantau 1987
Höhe: 60 cm
Wuchs: kompakt
Blütezeit: Juni – Herbst
Floribunda-Rose

➤ **wetterfest und nostalgisch**

Aussehen: Aus den rötlichen Knospen entwickeln sich mittelgroße, rosettig gefüllte Blüten. Sie haben einen würzigen Duft und leuchten in einem warmen Bernsteingelb. Das feste Laub ist dunkelgrün und glänzend.
Besonderheiten: Lange Blütezeit der wetterfesten Blüten.
Gestaltung: In Gruppen oder flächig als Beetrose, auch zur Kübelbepflanzung und als niedrige Stammrose.
6 Stück pro Quadratmeter.

'Bonica 82'

Meilland 1982
Höhe: 60–80 cm
Wuchs: breitbuschig, locker
Blütezeit: Juni – Herbst
Floribunda-Rose

➤ **frosthart und vielseitig**

Aussehen: Mittelgroße, hellrosa Blüten in kleinen, dichten Büscheln. Sie sind gut gefüllt und trotzdem regenfest. Kleines, festes Laub, sehr widerstandsfähig gegen Pilzkrankheiten.
Besonderheiten: ADR-Rose 1982. Verträgt sowohl Südlagen als auch Halbschatten. Setzt bei heißer Witterung Hagebutten an.
Gestaltung: Als Gruppenrose, auch im Straßenbereich, für Kübel, als Schnittrose, zur Kombination mit Kleingehölzen und Stauden.
4–5 Stück pro Quadratmeter.

Expertentipp
Gute Rose für schwierige Standorte und Höhenlagen!

*Gute Pflege danken diese Rosen
mit langer Blütenpracht, an der Sie bis zu den ersten Frösten
Ihre Freude haben werden.*

'Galaxy'

Meilland 1995
Höhe: 50–60 cm
Wuchs: breitbuschig, robust
Blütezeit: Juni – Herbst
Floribunda-Rose

➤ **öfter blühend**

Aussehen: Mittelgroße, gefüllte Blüten von sehr regelmäßiger, rosettiger Form in schirmförmigen Dolden. Sie zeigen rosa Schattierungen auf cremefarbenem Grund.

Besonderheiten: Rose mit interessanter Farbgebung und guter Widerstandsfähigkeit gegen Pilzkrankheiten.

Gestaltung: Sehr gute Rose für die Bepflanzung von Gefäßen, für flächige Pflanzungen, in Gruppen, zur Kombination mit Stauden und Gehölzen. 5–6 Stück pro Quadratmeter.

'Heidefeuer'

Noack 1995
Höhe: 50–60 cm
Wuchs: gleichmäßig, aufrecht
Blütezeit: Juni – Herbst
Floribunda-Rose

➤ **robust mit leuchtender Blüte**

Aussehen: Die in großer Zahl erscheinenden Blüten sind mittelgroß, halb gefüllt und von einem leuchtenden Rot.

Besonderheiten: Das kräftige, dunkelgrüne Laub ist sehr widerstandsfähig gegen Blattkrankheiten.

Gestaltung: Durch den sehr gleichmäßigen Wuchs gut für Rosenbeete geeignet, flächig oder in Gruppen, als Hochstämmchen oder in Kübeln, zur Grabbepflanzung. 3–4 Stück pro Quadratmeter.

'Leonardo da Vinci'

Meilland 1993
Höhe: 60–80 cm
Wuchs: buschig, aufrecht
Blütezeit: Juni – Herbst
Floribunda-Rose

➤ **nostalgisch und vielseitig**

Aussehen: Blüten im Stil der Alten Rosen. Sie sind stark gefüllt, rosettig geviertelt und mittelgroß. Die Farbe ist ein einheitliches Dunkelrosa.

Besonderheiten: Das dunkelgrüne Laub ist dicht und wenig anfällig gegen Pilzkrankheiten. Die Blüten sind trotz Füllung sehr regenfest und auch farbstabil.

Gestaltung: Ideal für flächige Bepflanzungen, aber auch für Kübel, als Stammrose und in Kombination mit Beetstauden und Sommerblumen. 5–6 Stück pro Quadratmeter.

Gute Partner
Storchschnabel (Geranium x cantabrigiense) 'Karmina'

Gute Partner
Mehliger Salbei (Salvia farinacea)

Edle Gesellschaft

'Aachener Dom'

Meilland 1982
Höhe: 60–80 cm
Wuchs: aufrecht, buschig
Blütezeit: Juni – Herbst
Teehybride

➤ **robust und widerstandsfähig**

Aussehen: Aus spitzkugeligen Knospen entwickeln sich große, stark gefüllte Blüten in einem hellen Lachsrosa. Der Duft ist reichlich und fruchtig. Das dunkelgrüne, ledrige Laub ist dicht mit rötlichem Austrieb.
Besonderheiten: Gedeiht auch noch auf schlechteren Rosenstandorten. ADR-Rose 1982.
Gestaltung: Gut geeignet für Gruppen, auch für Rosenrabatten, für Kübel und als Schnittrose.

'Berolina'

Kordes 1986
Höhe: bis 1 m
Wuchs: kräftig, aufrecht
Blütezeit: Juni – Herbst
Teehybride

➤ **robust und reich blühend**

Aussehen: Lange Knospen öffnen sich zu großen, stark gefüllten Blüten von edler Form. Sie sind zitronengelb mit rötlichem Hauch und verströmen einen typischen Teerosenduft. Das Laub ist dunkelgrün und dicht und kontrastiert gut zu den Blüten.
Besonderheiten: ADR-Rose 1986.
Gestaltung: Einzeln oder in Gruppen, für Kübel, als Stammrose, gute Schnittrose.

'Duftzauber 84'

Kordes 1984
Höhe: bis 80 cm
Wuchs: aufrecht, starktriebig
Blütezeit: Juni – Herbst
Teehybride

➤ **frostharte Schnittrose**

Aussehen: Die Blüten sind stark gefüllt und groß. Sie duften stark und sind von einem intensiven Karminrot. Das Laub ist dunkelgrün, groß und sehr hübsch.
Besonderheiten: Robuste Duftrose mit gutem Wuchs, schön für floristische Zwecke.
Gestaltung: Für Duftbeete, einzeln oder in Gruppen, in Kübeln oder als Hochstämmchen.

*Wenn Sie Wert auf besonders große
Einzelblüten legen, dann sollten Sie die Seitenknospen
rechtzeitig ausbrechen.*

'Nostalgie'
Tantau 1996
Höhe: bis 80 cm
Wuchs: kräftig, buschig
Blütezeit: Juni – Herbst
Teehybride

➤ **besondere Farbrose**

Aussehen: Aus dunkelroten Knospen öffnen sich ballförmige, große Blüten. Sie sind gut gefüllt und duften angenehm. Der Farbverlauf geht von Kirschrot am Rand bis zu Cremeweiß in der Mitte. Das Laub ist stark glänzend und rötlich im Austrieb.
Besonderheiten: Gut durchblühende Nostalgierose in einmaliger Farbkombination.
Gestaltung: Einzeln oder in kleinen Gruppen, für romantische Gartensituationen, als Kübelbepflanzung.

'Tea Time'
Tantau 1994
Höhe: 60–100 cm
Wuchs: straff, aufrecht
Blütezeit: Juni – Herbst
Teehybride

➤ **vorzügliche Schnittrose**

Aussehen: Die mittelgroßen, gut gefüllten Blüten sind kräftig gold-orange gefärbt. Sie stehen einzeln oder zu mehreren an den straffen Stielen.
Besonderheiten: Die Blüten öffnen sich sehr langsam und haben eine gute Haltbarkeit als Schnittblume. Die Rose verfügt über eine gute Frosthärte und Widerstandsfähigkeit.
Gestaltung: Einzeln oder in kleinen Gruppen, zur Kübelbepflanzung, für Kombinationen in warmen Farben.

'Valencia'
Kordes 1989
Höhe: bis 60 cm
Wuchs: breitbuschig, kompakt
Blütezeit: Juni – Herbst
Teehybride

➤ **starker Duft, guter Wuchs**

Aussehen: Die mittelgroßen, stark gefüllten Blüten sind von edler Form. Die Farbe ist ein warmer Kupferton. Das ledrige Laub ist frischgrün.
Besonderheiten: Auszeichnung für besonderen Duft.
Gestaltung: Gute Schnittrose für den Hausgarten, schön auch für Kübel. Durch den kompakten Wuchs auch in Gruppen mit Beetrosen möglich.

Gute Partner
Weiß blühender Hain-Salbei (Salvia nemorosa 'Adrian')

Expertentipp
In »Nasennähe« pflanzen, um den Duft voll zu erleben!

Rosen aus Liliput

Beetrosen

Name Züchter	Höhe Wuchs	Blütenfarbe Blütenform
'Aprikola' Kordes 2000	bis 80 cm breit-buschig	apricot-gelb mittelgroß, gefüllt
'Bella Rosa' Kordes 1982	60 cm breitbuschig, kompakt	reinrosa mittelgroß, dicht gefüllt
'Escapade' Harkness 1967	80–100 cm buschig	violettrosa mit weißer Mitte halb gefüllt
'Friesia' Kordes 1973	60 cm kompakt, aufrecht	goldgelb groß, dicht gefüllt
'Margaret Merrill' Harkness 1977	50–60 cm aufrecht, geschlossen	perlweiß-rosig groß, gefüllt
'Mazurka' Meilland 1994	50–70 cm kräftig, auf-recht	hellrosa mittelgroß, halb gefüllt
'Nina Weibull' Poulsen 1961	50–60 cm buschig	dunkelrot mittelgroß, gefüllt

Edelrosen

Name Züchter	Höhe Wuchs	Blütenfarbe Blütenform
'Arioso' Meilland 1995	60–80 cm kräftig, breitbuschig	lachsrosa groß, gefüllt
'Duftrausch' Tantau 1986	80–100 cm stark, ver-zweigt	violettrosa groß, gefüllt
'Elina' Dickson 1984	70–90 cm kräftig, breitbuschig	zartgelb groß, gefüllt
'Frederic Mistral' Meilland 1993	60–80 cm breitbuschig, stark	hellrosa groß, dicht gefüllt
'Ingrid Bergman' Poulsen 1984	60–80 cm kräftig, buschig	dunkelrot samtig, groß, dicht gefüllt

Zwergrosen

Name Züchter	Höhe Wuchs	Blütenfarbe Blütenform
'Amulett' Tantau 1991	bis 50 cm breitbuschig	reinrosa mittelgroß, dicht gefüllt
'Rosmarin 89' Kordes 1989	20 cm kompakt, fein verzweigt	kräftig rosa, mittelgroß, stark gefüllt

'Alberich'
De Ruiter 1954
Höhe: 30 cm
Wuchs: buschig, kräftig
Blütezeit: Juni – Herbst
Zwergrose

➤ **vielseitig und robust**

Aussehen: Karminrote, leicht gefüllte Blütchen stehen bei dieser Sorte in großen, pyramidalen Dolden. Das tiefgrüne Laub ist glänzend.
Besonderheiten: Widerstandsfähige Sorte mit später, aber langer Blütezeit.
Gestaltung: Für Kübel und Kästen, Gräber und Steingärten, auch als niedrige Stammrose.

'Bertram'
De Ruiter 1955
Höhe: 30 cm
Wuchs: buschig, kompakt
Blütezeit: Juni – Herbst
Zwergrose

➤ **frosthart und robust**

Aussehen: Die kleinen Blüten sind halb gefüllt bis einfach, leuchtend rosa und stehen in Dolden. Das Laub ist glänzend grün.
Besonderheiten: Gute Winterhärte und geringe Anfälligkeit gegen Blattkrankheiten.
Gestaltung: Einzeln oder in Gruppen, für Kübel, Kästen und Tröge, auch für Grabbepflanzungen.

Expertentipp
Aufgrund der guten Gesundheit für Beetpflanzungen geeignet.

Gute Partner
Niedrige Sommerblumen wie Steinkraut (Lobularia maritima).

Wegen ihres niedrigen Wuchses eignen sich diese Rosen am besten für Töpfe, Kübel und Balkonkästen.

'Little White Pet'
Henderson 1879
Höhe: 40 cm
Wuchs: breit, kompakt
Blütezeit: Juni – Herbst
Kletterrosen-Abkömmling

➤ **frosthart und robust**

Aussehen: Rosa Knospen öffnen sich zu stark gefüllten weißen Blütchen, die in Dolden zusammenstehen. Das Laub ist dicht, kleinblättrig und widerstandsfähig.
Besonderheiten: Diese handliche Rose ist der Abkömmling von 'Félicité et Perpétue', einer Rambler-Rose.
Gestaltung: In Gruppen auf dem Beet, einzeln auch in Töpfen, Kübeln und Kästen, zur Randbepflanzung an Rabatten.

'Pink Symphonie'
Meilland 1987
Höhe: 30–40 cm
Wuchs: buschig, dicht
Blütezeit: Juni – Herbst
Zwergrose

➤ **frosthart und öfter blühend**

Aussehen: Die spitzen Knospen entfalten sich zu mittelgroßen, gut gefüllten Blüten. Sie sind porzellanrosa und duften leicht. Das Laub ist mittelgrün und dicht.
Besonderheiten: Gute Winterhärte und wenig anfällig gegen Pilzkrankheiten.
Gestaltung: Für Töpfe und Kästen, zur Grabbepflanzung, im Steingarten.

'Zwergkönig 78'
Kordes 1978
Höhe: 50 cm
Wuchs: aufrecht, buschig
Blütezeit: Juni – Herbst
Zwergrose

➤ **wetterfest und vielseitig**

Aussehen: Die mittelgroßen, halb gefüllten Blüten sind von einem leuchtenden Blutrot. Das dichte Laub ist dunkelgrün.
Besonderheiten: Die Blüten sind regenfest und reinigen sich gut selbst.
Gestaltung: Einzeln oder in Gruppen, zur Grabbepflanzung, für Kübel und andere Pflanzgefäße, als niedrige Stammrose, als niedrige, lockere Hecke oder als Einfassung von Beeten.

Expertentipp
Wunderschön auch als Hoch- oder Halbstämmchen.

Mit Rosen gestalten

Mit Rosen gestalten

Rosen im Garten

Jeder Garten, ob groß oder klein, naturnah oder streng geordnet, gewinnt durch das Pflanzen von Rosen.

Rosen bieten unglaublich viele Gestaltungsmöglichkeiten für den Garten. Die große Farben- und Formenvielfalt ihrer Blüten und die unterschiedlichen Wuchstypen und -höhen laden zu einem kreativen Umgang geradezu ein. Haben Sie noch keine Erfahrung in der Gestaltung mit Pflanzen, dann sollten Sie sich zunächst einige Grundlagen der Gestaltungs- und Farbenlehre aneignen (→ Seite 104/105).

Multitalente

Rosen eignen sich für viele Zwecke im Garten.

➤ So kann man einige als Solitärsträucher auf den Rasen pflanzen, andere ergeben wunderbare Blütenhecken unterschiedlicher Höhe und Breite.

➤ Die kletternden Arten und Sorten verschönern Pergolen, Bäume, Zäune und Mauern mit ihren blühenden Ranken.

➤ Sie laden mit ihrer breiten Farbpalette zum Kombinieren mit Stauden, Sommerblumen, Gräsern, Duftpflanzen, Zwiebelblumen und Gehölzen ein, aber fühlen sich auch unter ihresgleichen auf klassischen Rosenbeeten wohl.

➤ Und auch als Bewohner von Kübeln, Kästen und Ampeln können sie ihren Charme versprühen.

➤ Nicht zuletzt liefern sie dem Hobbygärtner wunderschöne Schnittblumen für floristische Zwecke und die Grundlage für die Herstellung kulinarischer Genüsse wie Rosenbowle oder Hagebutten-Marmelade.

Individuelle Schönheiten

In der Verwendung der Rosen hat in den letzten Jahren ein Umdenken stattgefunden. Nachdem sie lange als flächige Farbträger wie Sommerblumen eingesetzt wurden, steht heute die individuelle Schönheit der Rosen – vor allem auch durch fein abgestufte Farbkompositionen gesteigert – wieder mehr im Vordergrund. Rosen sind langlebige Pflanzen, die mit zunehmendem Alter noch an Schönheit gewinnen. Setzen Sie daher beim Gestalten mit Rosen nicht nur auf kurzfristige Einzeleffekte, sondern streben Sie ein dauerhaft harmonisches Gesamtbild an.

Mit Rosen und Stauden lassen sich farblich sehr fein abgestimmte Pflanzenkombinationen erstellen.

Grundlagen der Gestaltung

Dürfen Sie sich in der glücklichen Lage schätzen, ein neues Grundstück oder einen alten Garten neu zu gestalten? Dann wird Ihnen die Kenntnis einiger Gestaltungsgrundsätze diese kreative Arbeit sicher erleichtern.

Am Anfang müssen Sie überlegen, ob Sie einen geometrisch-strengen oder einen organisch-bildhaften Garten bevorzugen, die beide allerdings in Einklang mit dem Gelände oder der Architektur stehen sollten.

Der geometrisch-strenge Garten

Diese Gartenform beruht auf regelmäßigen geometrischen Formen, wie Kreis oder Quadrat, Anordnungen von Linien oder ornamentalen Mustern. Oft sind sie symmetrisch, das heißt spiegelbildlich, angelegt und haben eine zentrale Achse. Bekannte Beispiele für Anlagen in diesem Stil sind die Schlossgärten aus der Renaissance- und Barockzeit, die repräsentativ, aber auch sehr abstrakt und naturfern wirken und einen hohen Pflegeaufwand erfordern.

Im privaten Garten können Sie diesen Stil zum Beispiel mit klassischen Rosenbeeten aufnehmen, die regelmäßig in Form, Anordnung und Bepflanzung sind. Sie können sie mit Buchs oder anderen Pflanzen einfassen und zusätzlich mit immergrünen Formschnitt-Gehölzen oder Hochstammrosen betonen (→ Seite 108/109).

Der naturnahe, bildhafte Garten

Solche Gartenanlagen erscheinen natürlich und ungezwungen. Dennoch sind sie nicht regellos komponiert, sondern nach den Gestaltungsprinzipien der klassischen Malerei: Der Spannungsreichtum von Perspektiven, Vorder- und Hintergrund, Licht- und Schattenwürfen oder Farben spielt eine wichtige Rolle.

Bekannte Beispiele aus der Gartengeschichte sind die Englischen Landschaftsparks, die im 18. Jahrhundert Mode wurden. Unberührte Natur und Kulturlandschaft waren Vorbilder für deren Gestaltung, die neben geraden Elementen vor allem freie Formen kennt.

In Ihrem Rosengarten wären zum Beispiel geschwungene Beete denkbar, auf denen Sie Gehölze, Rosen und Stauden

Buchseinfassungen

Buchseinfassungen sind ein beliebtes Gestaltungsmittel in formalen Gartenanlagen.

mit ähnlichen Standortbedürfnissen kombinieren.

Es gibt auch Mischformen dieser beiden Gestaltungsarten, die vor allem in England in sogenannten Cottage-Gärten öfter anzutreffen sind. Hier werden zum Beispiel mit Buchs eingefasste, regelmäßige Beete mit einer lockeren Füllung aus Rosen, Stauden und Sommerblumen bepflanzt.

Wichtige Gestaltungsmittel

Zu den grundlegenden Gestaltungsmitteln gehören Rangordnung, Kontrast, Wiederholung oder Raumbildung.

► **Rangordnungen schaffen** heißt zum Beispiel mit Wegen oder Mauern Grundstrukturen vorzugeben, denen sich Material- und Pflanzenauswahl unterordnen. Für die einzelnen Pflanzbereiche werden Leitpflanzen festgelegt, an denen sich die Begleiter orientieren. In Rosenbeeten sollte die Leitfunktion natürlich immer den Rosen zukommen.

► **Kontraste setzen** können Sie mit Formen, Farben, Strukturen und Texturen. Kombinieren Sie zum Beispiel gelbe Rosen mit blauen Salvien oder das dunkelgrün glänzende Rosenlaub mit feingeschlitzten, silbergrauen Beifußblättern. Auch die kompakte Wuchsform von Gehölzen wie Buchs kontrastiert gut mit dem lockeren Zweigwurf mancher Strauchrosen.

Locker gestaltete Pflanzung mit der Rose 'Bonica' und verschiedenen Staudenpartnern.

▶ **Wiederholungen** schaffen Ruhe und optische Stabilität im Garten. Mit ihnen lassen sich auch verschiedene Gartenbereiche optisch verbinden. In größeren, gemischten Beeten mit Stauden und Rosen sollten Sie zum Beispiel immergrüne Gehölze oder eine bestimmte Rosensorte regelmäßig oder unregelmäßig wiederholen. Der Effekt liegt im Reiz des dadurch entstehenden optischen Rhythmus. Mit der Wiederholung verbunden ist die Veränderung.

So können Sie durch wechselnde Begleitpflanzen, durch sich ändernde Abstände oder durch verschiedene Pflanzgrößen der Leitpflanzen eine Veränderung in der Wiederholung erzeugen und damit Spannung halten.

▶ **Raumbildung** gehört zu den wichtigsten Gestaltungsmitteln. Räume geben uns Geborgenheit, strukturieren den Garten, machen das Durchgehen spannend und trennen verschiedene Nutzungsbereiche. In Ihrem Garten

können Sie Räume zum Beispiel durch Rankgitter mit Kletterrosen schaffen, oder bei mehr Platz auch durch lockere Rosenhecken und Gruppen von Strauchrosen.

Auch die Größenwirkung von Gärten lässt sich durch gezielte Bepflanzung beeinflussen. Setzen Sie zum Beispiel weiß blühende Rosen in den Hintergrund und dunkle Sorten in den Vordergrund, dann wirkt dieser Gartenteil größer.

Querverweise
Klassische Rosenbeete Seite 108/109
Mit Rosen Grenzen setzen Seite 114/115

Mit Farben spielen

Jeder Mensch hat ein individuelles Farbempfinden, dem er im eigenen Garten den Vorrang vor irgendwelchen Regeln lassen sollte. Aber das Wissen um die Wirkungen der Farben aufeinander und auf den Menschen erleichtert gerade auch dem Anfänger auf diesem Gebiet den gekonnten Einsatz dieses Gestaltungsmittels.

Farbwirkungen

Jede Farbe hat eine bestimmte Symbolik und Wirkung und kann mit anderen Farben gut oder weniger gut kombiniert werden.

Gelb: Farbe des Lichts und der Sonne; wirkt warm; verkürzt optisch Entfernungen. Vorsicht mit kräftigen Rot-Gelb-Kombinationen, die leicht zu grell wirken!

Orange: wirkt warm, drängt sich optisch nach vorne, übertönt leicht andere Farben; starker Kontrast zu Blau, dagegen mit Violett oft harmonisch.

Rot: steht für Feuer und Wärme; verkürzt optisch Entfernungen; passt je nach Grundtönung zu sehr unterschiedlichen Farben. Vorsicht bei Rot-Rot-Kombinationen!

Violett: Farbe der Magie und des Geheimnisvollen; mit Rosa-Weiß-Silber kombiniert, ergeben sich romantische Wirkungen.

Blau: Symbol für das Wasser; zieht optisch in die Ferne und vergrößert Räume; wirkt kühl und ruhig; außer zu Violett eine sehr schöne Kombinationsfarbe.

Grün: Symbol für das Leben, die Ruhe und die Hoffnung; als Blattgrün allgegenwärtig; sehr variable und nuancenreiche Farbe; ergibt mit Rot kombiniert lebhafte Bilder.

Ton-in-Ton-Gestaltung mit rosa Rosen und lila Salbei.

Weiß: verkörpert Eleganz und Frische, wirkt kühl; keine Farbe im eigentlichen Sinn, aber wichtig in der Gestaltung; hebt andere Farben hervor und hellt dunkle Gartenbereiche auf.

Grau- und Silbertöne: ideale Kombinationspartner zu vielen Farben, vor allem Rosa, Violett und Weiß, vermitteln zwischen schwierigen Farbtönen.

Brauntöne: gute Verbindungsfarben, sowohl mit warmen als auch mit kalten Farben kombinierbar.

Ton-in-Ton-Kombinationen

Falls Sie noch unsicher sind in der Farbgestaltung, dann verwenden Sie Farben, die im gleichen Farbspektrum nahe beieinander liegen.

➤ So harmonieren Rosenblüten in warmem Gelb mit Orange und warmem Rot sehr gut. Kombinieren Sie zum Beispiel die Rose 'Postillion' mit Sonnenbraut 'Waltraut' und Rutenhirse 'Rotstrahlbusch'.

➤ Im kalten Spektrum wäre zum Beispiel eine Abstufung von Purpurrot über Karmin zu Pink möglich.

➤ Auch die Kombination von Weiß mit anderen hellen Pastelltönen ist problemlos.

Kontraste bilden

Wollen Sie lebhaftere Gartenbilder erzeugen, sollten Sie Kontraste setzen.

➤ Versuchen Sie Gelb und Violett, zum Beispiel mit der Rose 'Gelbe Dagmar Hastrup' und Hain-Salbei (*Salvia nemorosa*) 'Ostfriesland' oder

➤ Blau und Orange, zum Beispiel mit Rittersporn (*Delphinium*-Hybride) 'Blauwal' und Rose 'Westerland'.

Farbdreiklänge

Harmonie mit einer gewissen Spannung erzeugen Sie mit Dreiklängen.

➤ Eine frisch wirkende Kombination ist Blau-Weiß-Gelb. Helles Zitronengelb mit Himmelblau ergibt dabei eine kühl-dezente Wirkung. Dunkles Gold-

Beet mit Rosen, Stauden und Zwiebelblumen in warmen Gelb-, Orange- und Rottönen.

gelb mit Violett-Blau dagegen wirkt sehr lebhaft. Kombinieren Sie zum Beispiel die Rose 'Alba Meidiland' mit Hain-Salbei (*Salvia nemorosa*) 'Blauhügel' und Taglilie (*Hemerocallis*-Hybride) 'Corky'.

➤ Bewährte Partner sind auch Blau-Rosa-Weiß. Sind die Blau- und Rosatöne dabei sehr hell, ergeben sich duftigleichte Gartenbilder. Schön ist zum Beispiel die Rose 'Ballerina' in Partnerschaft mit Feinstrahlaster (*Erigeron*-Hybride) 'Sommerneuschnee' und Katzenminze (*Nepeta* x *faassenii*). Stauden mit blauen oder violetten Blüten zählen zu den Kombinationsklassikern mit Rosen.

Dezente Farbtöne nutzen

Limonengrüne Frauenmantelblüten, das braunrote Laub vom Perückenstrauch oder die samtigen Silbertöne von Beifuß und Wollziest bringen Rosenblüten durch ihre dezenten Töne hervorragend zur Geltung und treten nicht in zu starke Konkurrenz.

Schwierige »Farb-Ehen«

➤ Vermeiden Sie die Kombination von so genannten Zwischenfarben wie Orangerot und Violettrot.

➤ Auch bei sehr leuchtenden Farben, wie zum Beispiel dem hellen Neonrot der Sorte 'Rosarium Uetersen' ist Vorsicht geboten. Stellen Sie solche Rosen besser für sich.

Klassische Rosenbeete und ihre Einfassungen

Einfassungspflanzen

Gehölze

Buchs (*Buxus sempervirens* ‘Suffruticosa’)
Weißes Zwerg-Fingerkraut *(Potentilla fruticosa v. mandshurica)*
Japan-Spiere (*Spiraea japonica*) ‘Little Princess’

Halbsträucher

Eberraute (*Artemisia abrotanum*)
Lavendel (*Lavandula angustifolia*)
Heiligenkraut (*Santolina chamaecyparissus*)
Gamander (*Teucrium* x *lucidrys*)

Stauden

Frauenmantel (*Alchemilla mollis, Alchemilla erythropoda*)
Kissenaster (*Aster Dumosus*-Hybriden)
Bergenie (*Bergenia*-Hybriden)
Federnelken (*Dianthus Plumarius*-Hybriden)
Purpurglöckchen (*Heuchera* x *brizoides*)
Schleifenblume (*Iberis sempervirens*)
Katzenminze (*Nepeta* x *faassenii*)
Zwerg-Dost (*Origanum vulgare* ‘Compactum’)
Fetthenne (*Sedum spurium, Sedum floriferum*)

Das klassische Rosenbeet

Klassische Rosenbeete haben ihre Ursprünge in den Renaissance- und Barockgärten. Sie basieren auf klaren Grundformen und benötigen einen ruhigen Hintergrund, um zu wirken, z.B. angrenzende Rasenflächen oder Kieswege. Schön ist es auch, wenn sich die Beete in Bezug zur Architektur des Hauses setzen lassen, d.h. wenn Achsen oder Anordnungen von Fenstern und Türen aufgenommen werden. Grundsätzlich müssen sie aber immer in ein Gesamtkonzept eingebunden werden, d.h. ein klassisches Rosenbeet sollte nicht in einer völlig ungeordneten Umgebung liegen.

Die einfachste Form sind Beete, die nur mit einer Rosensorte bepflanzt sind. Auf Einfassungen oder Kombinationspartner wie Stauden wird dabei verzichtet.

Auf größeren Beeten können Sie auch mehrere Sorten mischen, pflanzen Sie aber von jeder immer größere Gruppen, keinesfalls nur einzelne Exemplare. Die Sorten sollten natürlich in Farbe und Wuchshöhe gut aufeinander abgestimmt sein. Es ist auch möglich, Rosen-Hochstämmchen in der gleichen oder einer kontrastierenden Sorte in eine Beetrosenfläche zu stellen.

*Die formale Strenge und Klarheit
dieser Beete steht in spannendem Kontrast zu Blütenfülle
und Farbenpracht der Rosen.*

Rosen und Lavendel

Die Kombination Rose und Lavendel wird viel beschrieben und angepflanzt. Damit Sie mit dieser Kombination viel und lange Freude haben, müssen Sie allerdings einiges beachten:

- Magern Sie die Erde für die Lavendeleinfassung mit grobem Sand oder Splitt ab.
- Sparen Sie den Lavendel beim Düngen und auch beim regelmäßigen Wässern der Rosen aus.
- Schneiden Sie ihn im Frühjahr und nach der Blüte regelmäßig zurück.
- Sorgen Sie im Winter für einen guten Frostschutz.

Der Klassiker: Buchseinfassung

Buchs passt mit seinem neutralen Grün und den kleinen rundlichen Blättern zu allen Rosen, ist anspruchslos, robust und lässt sich gut in streng geometrische Formen schneiden.

- Pflanzen Sie die Jungpflanzen im Frühjahr oder frühen Herbst mit ca. 15–20 cm Abstand.
- Alle 2–3 Jahre sollten Sie auch entlang der Einfassung mit ca. 30 cm Abstand mit dem Spaten zum Beet hin abstechen, damit der Buchs nicht so stark ins Beet wurzelt.
- Verwenden Sie zur Einfassung nur kompakt und langsam wachsende Sorten wie 'Suffruticosa' oder 'Blauer Heinz'.

Die etwas andere Beeteinfassung

Eine nicht oft gesehene Einfassungspflanze ist der Frauenmantel (*Alchemilla*). Mit seinen überhängenden, grüngelben Blütenschleiern eignet er sich vor allem für weniger strenge Gartenanlagen.

- Schneiden Sie die verblühten Blütenstängel mit einem Teil des Laubs ab. Die Pflanze treibt dann wieder frisch durch, sät sich nicht aus und sieht für das restliche Jahr gut aus.
- Teilen Sie alle paar Jahre die Pflanzen mit einem Spaten und pflanzen einige Teilstücke wieder ein, damit die Einfassung in Form bleibt.

E x p e r t e n t i p p
Wählen Sie kompakte Lavendel-Sorten wie 'Hidcote Blue' oder 'Munstead'.

E x p e r t e n t i p p
Buchs wird Ende Juni in Form geschnitten.

Kletterrosen im Garten

Kurzinformation

Kletterobjekte für Kletterrosen

Rosenbögen
Pergolen und Lauben
Hauswände
Mauern
Zäune und Rankgitter
Säulen
Pyramiden und Kegel
Taue und Ketten (Festons)
Bäume

Geeignete Materialien

**Metall: Edelstahl oder pulver-
beschichtet/verzinkt
Holz: kesseldruckimprägniert
oder Robinie/Eiche**

**Bauweise: stabil und dauerhaft
mit ausreichender Fundamen-
tierung**

Geeignete Rosen

**Rambler: für Bögen, Pergolen,
Lauben, Zäune, Festons, Bäume**

**Climber: für Bögen, Pergolen,
Mauern, Wände, Säulen**

Rosen am Bogen

Ein Rosenbogen sollte immer in ein gestalterisches Konzept eingebunden werden. Sie können ihn z.B. am Ende oder Anfang eines Weges platzieren oder einen Eingang oder eine Sitzbank mit einem Rosenbogen überspannen. Die Wuchskraft der verwendeten Kletterrosen sollte immer auf die Bogengröße abgestimmt sein. So eignen sich für kleine Bögen mit 1,2 m Durchgangsbreite nur schwachwüchsigere und nicht zu langtriebige Sorten wie 'Kir Royal' oder 'Super Excelsa'.

Rosen zur Wandbegrünung

Wichtig bei der Auswahl der geeigneten Sorten ist die Farbabstimmung zwischen Rosen und Wand. Man kann Ton-in-Ton oder kontrastierend arbeiten. Wenn man in der gleichen Farbrichtung bleibt, sollte die Rose aber deutlich dunkler oder heller im Ton sein. Von Vorteil ist auch hier die Abstimmung der Wuchsstärke auf die Wandgröße, um sich unnötige Schnittarbeit zu sparen.
Zur Befestigung der Rosentriebe an der Wand eignen sich Klettergerüste aus Holz oder Metall, sowie waagrecht gespannte Drähte bzw. Stahlseile aus rostfreiem Material.

Expertentipp
Achten Sie darauf, dass der Bogen stabil und gut im Boden verankert ist.

Expertentipp
Halten Sie für gute Hinterlüftung ausreichenden Wandabstand!

Mit Kletterrosen können Sie viele Objekte in duftende Blütenwolken hüllen – für einen Erfolg ist jedoch die Wahl der jeweils geeigneten Sorten wichtig.

Rosen am Zaun

Beim Begrünen von Zäunen mit Kletterrosen sollten Sie bei der Sortenwahl unbedingt auf den Wuchs achten. Am besten eignen sich Sorten, die weichtriebig-überhängend wachsen, da sie leicht waagrecht anzubinden sind. Ungeeignet sind steiftriebige Climber wie 'Schneewalzer' und Rambler, die zuviel starkes, senkrecht wachsendes Holz bilden wie 'Bobby James'.

Fädeln Sie die Triebe nicht einfach durch den Zaun, sondern heften Sie sie von außen am Zaun an, das erleichtert Ihnen später die Schnittarbeiten.

Lauschige Rosenlaube

Unter Lauben lassen sich gemütliche Sitzplätze im Schatten einrichten, wo man den Duft der Rosen besonders intensiv genießen kann. Lauben und Pergolen sollten sich von ihrer Größe und ihrem Stil gut in das Konzept des Gartens einpassen. Die verwendeten Materialien sollten langlebig und dezent sein. Eine stabile Ausführung und eine gute Verankerung sind wichtig, um Gewicht und Winddruck standzuhalten. Die ideale Laubenrose duftet und ist evtl. sogar stachellos wie z. B. 'Lykkefund' oder 'Veilchenblau'.

Rosen in Bäumen

Mit Rosen in Bäumen lassen sich sehr romantische Gartenbilder schaffen. Die Blütenfarbe der Rosen sollte in schönem Kontrast zum Laub oder zu den Nadeln der Bäume stehen. So wirken weiß blühende Sorten besonders schön vor dunkelgrünem Hintergrund, wie ihn Eiben bieten, dunkelrote oder purpurne Sorten dagegen kontrastieren zu Silbergrau oder Hellgrün. Gut geeignet für diese Art der Gestaltung sind weich- und langtriebige Sorten wie 'Rambling Rector', die in Kaskaden aus dem Baum herunterhängen können.

Expertentipp

Achten Sie darauf, dass der Baum die Last der Rosentriebe tragen kann.

Flächendecker im Einsatz

Kurzinformation

Geeignete Sorten für Hanglagen und Mauerkronen

'Alba Meidiland'	'Palmengarten
'Celina'	Frankfurt'
'Heidetraum'	'Red Yesterday'
'Magic Meidiland'	'Sommerabend'
'Mirato'	'Swany'

Geeignete Sorten für Beete (auch mit Stauden)

'Austriana'	'Mainaufeuer'
'Ballerina'	'Schneeflocke'
'Dortmunder	'White Meidiland'
Kaiserhain'	'Windrose'
'Lavender Dream'	

Geeignete Sorten für heiße Lagen

'Alba Meidiland'	'Lavender Dream'
'Celina'	'Red Yesterday'
'Heidetraum'	'Sommerabend'

Geeignete Sorten für halbschattige Lagen

'Aspirin Rose'	'Polareis'
'Ballerina'	'Sommerwind'
'Mirato'	

Rosen am Hang

Flächenrosen zur Begrünung von Hängen und Böschungen haben im Gegensatz zu dem früher viel verwendeten Cotoneaster auch schöne Blütenfarben zu bieten. Auf größeren Flächen können Sie die Sorten auch mischen und einzelne Strauchrosen mit schönem, überhängendem Wuchs wie 'Mozart' oder 'Complicata' dazwischenpflanzen. Machen Sie die Rosenflächen insgesamt jedoch nicht zu groß wegen der sonst schwierigen Jätarbeiten. Kombinieren Sie sie lieber mit Stauden- oder Kleingehölzgruppen.

*Flächen- oder bodendeckende Rosen
sind vielfältiger einsetzbar, als ihr Name
vermuten lässt.*

Mit Rosen krönen

Wenn Sie mit den Rosen Erdwälle oder Mauerkronen etwas kaschieren wollen, wählen Sie stark überhängende Sorten wie 'Heidekönigin' oder 'Immensee'. Wenn die Rosen aber eine Art lebenden Zaun auf der Krone bilden sollen, sind aufrechte, dichte und stachlige Sorten gefragt. In Norddeutschland werden hierfür meist die widerstandsfähigen Kartoffelrosen (*Rosa rugosa*) verwendet.

Rosen im Vorgarten

Flächendecker eignen sich mit ihren handlichen Maßen sehr gut für kleinere Vorgärten. Sie können Rosen mit unterschiedlichen Blütenfarben und Wuchsformen mischen oder die Fläche mit einer Sorte wie der abgebildeten 'Ballerina' einheitlich bepflanzen.

Da im Vorgarten meist ein enger optischer Bezug zum Haus besteht, sollten Blüten- und Wandfarbe gut aufeinander abgestimmt werden. Damit das ganze Jahr etwas blüht, kombinieren Sie die Rosen z. B. mit im Frühjahr blühenden Blumenzwiebeln, Zweijährigen wie Stiefmütterchen oder Stauden.

Rosen im Steingarten

Ein mit kleinen Trockenmauern oder Felsmaterial gestalteter Hang auf normalem Gartenboden bietet auch Einsatzmöglichkeiten für Flächenrosen. In einem echten Alpinum dagegen, mit Edelweiß oder Ähnlichem, haben Gartenrosen nichts verloren.

Die Wahl der Rosensorten ist von der Größe der Anlage abhängig. Schön wirken vor allem sehr flach wachsende Sorten, die sich mit ihrer Blütenfülle über Felsen und Mauern ergießen. Die oft empfohlenen Zwergrosen sind wegen mangelnder Robustheit für Steingärten nicht so gut geeignet.

Expertentipp
Die Bedingungen sind hier oft nicht ideal, daher nur robuste Sorten wählen.

Expertentipp
Versuchen Sie es einmal mit den Sorten 'Sommerabend' und 'Celina'.

Mit Rosen Grenzen setzen

Kurzinformation

Einheimische Arten für höhere Naturhecken

Rosa canina
Rosa glauca
Rosa jundzillii
Rosa rubiginosa

Hybriden und nicht heimische Arten für natürliche Hecken

Rosa 'Aicha'
Rosa hugonis
Rosa moyesii 'Geranium'
Rosa multiflora
Rosa 'Complicata'
Rosa 'Frühlingsgold'
Rosa 'Scharlachglut'

Öfter blühende Strauchrosen für bunte Blütenhecken

Rosa 'Centenaire de Lourdes'
Rosa 'Erfurt'
Rosa 'Felicia'
Rosa 'Ghislaine de Féligonde'
Rosa 'Golden Wings'
Rosa 'Maigold'
Rosa 'Lichtkönigin Lucia'
Rosa 'Royal Show'
Rosa 'Sparrieshoop'

Gemischte Rosenhecken

Mit Rosenhecken lassen sich z.B. Gartenräume gliedern, Grenzen markieren oder unschöne Ausblicke verdecken. Hierfür können je nach vorhandenem Platz und gedachtem Zweck verschiedenste Rosen Verwendung finden. Sie können solche Hecken einheitlich mit einer Sorte gestalten oder verschiedene Sorten mischen. Auch die Kombination mit anderen Blütengehölzen ist möglich. Diese können entweder gleichzeitig mit den Rosen blühen oder auch nur einen ruhigen Hintergrund bilden.

Gemischte Rosenhecken aus öfter blühenden Strauchrosen (Bild oben) sollten in intensiver gestalteten Gartenteilen verwendet werden, da sie eine regelmäßige Pflege brauchen. Sie wirken sehr üppig und bringen über lange Zeit Farbe in den Garten. Verwenden Sie sie als Hintergrund für eine bunte Staudenrabatte, als Sichtschutz an Sitzplätzen oder in einem größeren Vorgarten als lebenden Zaun. Wählen Sie Rosen, die ungefähr das gleiche Wuchsverhalten zeigen, damit sie sich nicht gegenseitig schattieren und bedrängen. Außerdem sollten Sie sich für Rosen entscheiden, die auch sehr widerstandsfähig sind, da durch den engen Pflanzabstand Krankheiten gefördert werden.

Expertentipp
Achten Sie auf die gesetzlichen Grenzabstände!

*Abgetrennte Bereiche machen den Garten
spannend und bieten dem Besucher immer wieder
neue Überraschungen.*

Die Wildrosenhecke

Hecken aus Wildrosen eignen sich in
erster Linie für natürlich gestaltete
Gartenbereiche, z.B. als Grenzhecke im
Übergang zur freien Natur. Sie bieten
mit ihren Blüten und dem unterschiedlich gefärbten und ausgebildeten
Laub nicht nur einen schönen Sichtschutz , sondern gewähren auch verschiedenen Tieren Lebensraum und
Nahrung und sind daher von großem
ökologischen Nutzen.

Im Garten müssen es nicht nur einhei-
mische Arten sein, Sie können auch
nicht-heimische Wildarten und ihre
Sorten wie 'Marguerite Hilling' und
'Nevada' (Bild oben) dazwischenpflanzen.

Formale Rosenhecken

Mit formalen Rosenhecken aus niedrigen Sorten lassen sich Gartenräume
optisch markieren, ohne den Blick
über den Garten einzuschränken. Man
kann sie z.B. entlang von Wegeachsen
oder zur Einfassung von Rasenflächen
pflanzen. Hierfür eignen sich manche
Beetrosen wie die abgebildete 'Galaxy',
aber auch aufrecht-buschige Kleinstrauchrosen. Von den Alten Rosen
kommen kompakte Sorten wie 'Jacques
Cartier' und 'Rose de Resht' in Frage.
Halten Sie die Rosen beim Schnitt
oben möglichst schmaler als unten,
damit sie nicht verkahlen.

Grenzverschönerungen

Haben Sie entlang ihres Grundstückes
eine Mauer, einen Zaun oder eine
Sichtschutzwand (wie abgebildet) aus
Holz, aber auf der Außenseite zu wenig
Platz für Rosen, dann pflanzen Sie sie
einfach auf die Innenseite. Nach 2–3
Jahren überragen sie die Bauwerke und
lassen ihre Blütenranken wie einen
Vorhang hinunterfallen. Für diesen
Zweck nehmen Sie am besten Ramb-
lerrosen wie 'Rambling Rector' oder
Strauchrosen mit überhängendem
Wuchs wie 'Complicata'. Wenn Sie an
die Basis noch farblich passende Stau-
den pflanzen, fällt die Abgrenzung
kaum noch auf.

Expertentipp
*Hierfür lieber wurzelechte statt
veredelte Rosen nehmen!*

Rosen hoch hinaus

Kurzinformation

Sorten für Fußstämmchen (40 cm Höhe)

'Alberich'	'Pink Symphony'
'Amulett'	'Zwergkönig 78'

Sorten für Halbstämmchen (60 cm Höhe)

'Bella Rosa'	'Rose de Resht'
'Bernsteinrose'	'Schneeflocke'
'Jacques Cartier'	'Sommerabend'
'Leonardo da Vinci'	'The Fairy'
'Little White Pet'	'White Meidiland'

Sorten für Hochstämmchen (90 cm Höhe)

'Alba Meidiland'	'Duftzauber 84'
'Austriana'	'Leonardo da Vinci'
'Ballerina'	'Magic Meidiland'
'Berolina'	'Memoire'
'Bonica 82'	

Sorten für Trauerstämme (140 cm Höhe)

'Alba Meidiland'	'Heidekönigin'
'Albéric Barbier'	'Maria Lisa'
'Alexandre Girault'	'Snowflake'
'Ghislaine de Féligonde'	'Super Excelsa'

Hochstämmchen in Sitzplatznähe

Stammrosen eignen sich auch für kleinere Gärten, da sie sozusagen eine zweite Wuchsetage bilden und unter ihnen Platz für weitere Pflanzen bleibt. Vor allem in Vorgärten, aber auch im Kübel auf Terrasse und Balkon sind sie daher gut zu verwenden. Bei diesen Rosen müssen Sie sich für den Schnitt nicht bücken, und die Blüten werden auf Augen- bzw. Nasenhöhe präsentiert. Stammrosen gehören nur in intensiver gestaltete Gartenbereiche in Hausnähe oder an häufig genutzte Sitz- oder Ruheplätze. Neben vielen anderen gestalterischen Funktionen können Sie Hochstämmchen auch als Raumbegrenzung (Bild oben) einsetzen. Der Sitzplatz gewinnt an Geborgenheit, ohne dass der umliegende Garten ausgegrenzt wird. Duft und Blüten können Sie so in Ruhe genießen. Die lockere, zurückhaltende Unterpflanzung verstärkt die romantisch-elegante Atmosphäre.

Mit Rosen in die Luft gehen –
Hochstämmchen sparen Platz und bringen Ihnen
die Rosenblüten nahe.

Nostalgischer Charme

Streng formale Beete mit Hochstämmchen, passender Unterpflanzung und kastenförmig geschnittener Buchseinfassung sind seit einigen Jahren wieder sehr beliebt. Sie brauchen allerdings ein entsprechend gestaltetes Umfeld von Garten und Haus, um nicht fremd zu wirken.

Eine Unterpflanzung mit farblich passenden Stauden (Bild oben Polsterglockenblume *Campanula poscharskyana*) bringt zusätzliche Blütenpracht und steht in schönem Kontrast zu der strengen Buchseinfassung.

Blickfang Hochstamm

In einem locker und bunt mit Stauden und Sommerblumen bepflanzten ländlichen Garten wollen einem Rosenhochstämmchen zunächst etwas fremd erscheinen. Aber ihre regelmäßige, etwas unnatürliche Form wirkt als Blickfang und bringt Ruhe und Stabilität in das pflanzliche Gewirr. Vor allem mehrere Hochstämme der gleichen Sorte können so einen Garten strukturieren und bringen Spannung in die Gestaltung.

Kaskadenrosen

Kaskadenrosen oder Trauerstämmchen waren vor allem in Jugendstilgärten beliebt, da sie einerseits formal-streng wirken und andererseits durch die langen, hängenden Triebe die elegantgeschwungene Linienführung dieser Stil-Epoche verkörpern.

Für Trauerstämme eignen sich vor allem weichtriebige Rambler-Rosen wie die abgebildete 'Paul Noel', die aber meist nur einmal blühend sind. Eine Unterpflanzung mit Stauden oder Sommerblumen kann die kurze Blütezeit verlängern helfen. Die oben zu sehende Katzenminze (*Nepeta* x *faassenii*) passt farblich sehr gut und bringt eine zusätzliche Duftnote ins Spiel.

Expertentipp
Wählen Sie kräftige Farben, um die Wirkung noch zu verstärken.

Expertentipp
Eine öfter blühende Sorte ist auch 'Super Excelsa'.

Rosen kombinieren

Die Königin der Blumen wirkt am schönsten im Kreis eines angemessenen Hofstaats – gesellen Sie ihr Prinzen, Gräfinnen und Lakaien hinzu.

Rosen wurden früher oft nur mit Rosen kombiniert, und bis in die siebziger Jahre konnte man überall großflächigen Anpflanzungen von Beetrosen in oftmals grellen Farben begegnen. Die einzelne Rosenpflanze war dabei bedeutungslos, sie diente nur als Material für den gewünschten Farbeffekt.

Pflanzengemeinschaften bilden

Mittlerweile hat sich jedoch ein differenzierterer Umgang in der Gestaltung mit Rosen durchgesetzt, und Rosen werden oft mit anderen Pflanzen vergesellschaftet, die ähnliche Standortansprüche haben. Das führt zu natürlicheren Pflanzenbildern, und bei gekonnter Gestaltung verringert sich sogar die Krankheitsanfälligkeit der Rosen.

Geeignete Partner

Geeignete Begleitpflanzen finden sich in fast allen Pflanzengruppen, die wir im Garten kultivieren.

➤ Die wichtigsten Partner sind Stauden und ausdauernde Gräser, die eine unglaubliche Farb- und Formenvielfalt zeigen und sehr vielseitig eingesetzt werden können.

➤ Kurzlebige, aber schöne Lückenbüßer sind ein- und zweijährige Sommerblumen, mit denen leicht und schnell Blühpausen überbrückt werden können.

➤ Auch in der großen Gruppe der Gehölze finden sich zahlreiche passende Partner. Die größeren unter ihnen eignen sich zum Beispiel sehr gut als Hintergrund für Rosenpflanzungen – entweder frei gewachsen oder als Schnitthecke. Es gibt aber auch viele Blüten- und Blattschmucksträucher, die mit den Rosen auf gleicher Augenhöhe stehen. Nicht zu vergessen Klettergehölze wie Clematis und Geißblatt, die mit den Kletterrosen um die Wette wachsen.

➤ Vor dem ruhigen Hintergrund immergrüner Gehölze kommen manche Rosen erst richtig zur Geltung.

➤ Letztlich dürfen wir die Zwiebelpflanzen wie Tulpen und Narzissen nicht vergessen. Sie verlängern die Blühsaison ins Frühjahr, wenn auf den Rosenbeeten noch Ruhe herrscht.

Der zarte Farbton dieser Englischen Rose harmoniert mit dem hellen Blau von Staudenlein.

Kombinieren will gelernt sein

Optik ist nicht alles – denn nicht jede Pflanzenkombination, die gut aussieht, funktioniert auch auf Dauer.

Standortansprüche beachten

Beim Aussuchen der Rosenpartner sollte die erste Frage sein: Haben sie auch die gleichen Standort- und Pflegeansprüche wie die Rosen?
Die meisten Rosen wollen reichlich Nahrung, um gut zu blühen und zu wachsen. Daher kommen alle Pflanzen, die nährstoffarme und durchlässige Böden bevorzugen, als direkte Rosennachbarn nicht in Frage.

➤ Der oft verwendete Lavendel (→ Seite 109) und andere grau- und silberlaubige Stauden sind diesbezüglich daher keine idealen Partner für Rosen. Da sie aber optisch sehr gut zu ihnen passen, können Sie sich vielleicht damit helfen, sie nur am Rande der Beete mit einigem Abstand zu den Rosen zu pflanzen. Sie haben dann auch die Möglichkeit, den Boden an diesen Stellen mit Sand oder Splitt abzumagern. Versuchen Sie beim Düngen, diese Stauden auszusparen und halten sie Lavendel und Heiligenkraut durch regelmäßigen Rückschnitt kompakt.

➤ Ebenfalls ungeeignet sind Stauden der Lebensbereiche Sumpf und Wasserrand sowie Schattenstauden. Wobei letztere als Unterpflanzung von alten, großen Strauchrosen durchaus gute Dienste leisten können.

➤ Gut geeignet sind Beetstauden wie Rittersporn, Phlox, Margeriten und Berufskraut, aber auch Wildstauden mit höheren Nährstoffansprüchen wie Frauenmantel oder manche Storchschnabel-Arten und -Sorten.

Rosen brauchen Platz

Im Regelfall sollten immer die Rosen »die Erste Geige spielen«, und ihre Partner sollten sich unterordnen. Denn Rosen brauchen viel Licht und eine gute Luftzirkulation. Sie sollten daher nicht beengt zwischen anderen Pflanzen stehen.

➤ Wählen Sie deshalb eher niedriger bleibende Arten oder pflanzen Sie höhere mit genügendem Abstand zu den Rosen. Hohe, imposante Stauden wie Rittersporn stellen Sie am besten in den Hintergrund der Pflanzung.

Formen kombinieren

Die Rose 'Colette' in Kombination mit den feinen Blütenstielen der Katzenminze.

➤ Vermeiden Sie stark wuchernde Arten mit aggressivem Wurzelsystem.

➤ Es hat sich bewährt, schnell wüchsige Stauden nicht gleich mit den Rosen zu pflanzen, sondern diesen 2–3 Jahre Vorsprung zu geben.

Gehölze als Partner

Auch bei Gehölzen spielt die Standortfrage eine gewisse Rolle, allerdings nur, wenn sie in direkter Nachbarschaft stehen sollen.

➤ Verzichten Sie auf Gehölze, die saure Böden brauchen, wie Rhododendren und Magnolien.

➤ Große Gehölze dienen meist nur als optischer Hintergrund für Rosenpflanzungen und können daher bei genügendem Abstand auch eventuell andere Ansprüche aufweisen.

➤ Denken Sie schon beim Pflanzen daran, welche Endgröße das Gehölz erreichen kann, da sonst die Rosen sehr schnell im Schatten stehen werden.

➤ Vermeiden Sie zu enge Abstände, und pflanzen Sie Rosen auch nicht unter vorhandene Gehölze (Ausnahme Ramblerrosen → Seite 110), da sonst das Laub durch Tropfenfall und mangelnde Luftzirkulation schlecht abtrocknet und Pilzkrankheiten gefördert werden.

➤ Gänzlich ungeeignet als Partner sind Gehölze mit weit reichendem und aggressivem Wurzelsystem wie Birke, Rotbuche oder Spitzahorn.

Frauenmantel (Alchemilla mollis) und Hain-Salbei (Salvia nemorosa) sind schöne Rosenpartner.

Verwendete Piktogramme

 Die Pflanze braucht einen sonnigen Platz

 Die Pflanze gedeiht am besten im Halbschatten

 Die Pflanze verträgt oder benötigt Schatten

 Viel gießen

 Mäßig gießen

 Wenig gießen

 Die Pflanze enthält giftige oder hautreizende Stoffe

Rosen und Stauden

Weitere Stauden

Art/Sorte	Wuchshöhe Besonderheiten	Blütezeit Farbton
Weiße Töne		
Schleifenblume *Iberis sempervirens*	20 cm schön als Einfassung	März – April reinweiß
Garten-Margerite *Leucanthemum* x *superbum*	60–100 cm Dauerblüher	Juni – Sept. reinweiß
Moschus-Malve *Malva moschata* ‘Alba’	60 cm für naturhafte Anlagen	Juni – Sept. reinweiß
Rosa Töne		
Storchschnabel *Geranium endressii*	35–40 cm Ausbreitungsdrang!	Juni – Aug. rosa/lachsrosa
Wilder Dost *Origanum*-Hybride ‘Rosenkuppel’	40–45 cm für trockensonnige Plätze	Juli – Sept. rosa
Fetthenne *Sedum* ‘Matrona’	60 cm rotgraues Laub	Aug. – Okt. rosa
Rote Töne		
Taglilie *Hemerocallis*-Hybride ‘Crimson Pirate’	70 cm schöner Blattschopf	Juli – Aug. leuchtend rot
Purpurglöckchen *Heuchera* x *brizoides* ‘Feuerregen’	50 cm wintergrüne Blattrosette	Mai – Juli leuchtend rot
Violett- und Blautöne		
Raublatt-Aster *Aster novae-angliae* ‘Purple Dome’	50 cm sehr standfest	Sept. –Okt. leuchtend violett
Storchschnabel *Geranium*-Hybride ‘Sirak’	50 cm auch Halbschatten	Juni – Sept. violett-rosa
Skabiose *Scabiosa caucasica* ‘Clive Greaves’	80 cm Schmetterlingsmagnet!	Juni – Okt. hellblau
Gelbtöne		
Sonnenauge *Heliopsis scabra*	100–150 cm lange Blütezeit	Juli – Sept. goldgelb
Taglilie *Hemerocallis* ‘Corky’	75 cm lange Blütezeit	Juli – Sept. zitronengelb
Brandkraut *Phlomis russeliana*	80 cm Winterwirkung	Juni – Juli gelb

Leuchtender Frühsommer

Ältere Kletterrosen bekommen gerne kahle »Beine«. Dies können Sie z. B. durch eine Unterpflanzung mit kräftigen Stauden etwas kaschieren. Das abgebildete Beispiel zeigt die Kletterrose ‘Parade’. Ihr zu Füßen wachsen der Storchschnabel (*Geranium psilostemon*) und Frauenmantel (*Alchemilla mollis*). Beide teilen die gleichen Standortansprüche und halten sich gegenseitig in Schach. Das kräftig leuchtende Magentarot des Storchschnabels hat den gleichen Grundton wie die Rose. Das Limonengrün der Frauenmantelblüten setzt dazu einen Kontrast.

Elegante Blattkomposition

Es müssen nicht immer leuchtende Blüten sein! Auch interessant gefärbte oder gemusterte Blätter ermöglichen schöne Kompositionen, zudem wirken sie über eine weit längere Zeit als die meist kurzlebigen Blüten. Die bekannte Rose ‘Schneewittchen’ hat hier zwei sehr unterschiedliche Partner gefunden: Den Purpurblättrigen Salbei (*Salvia officinalis*) ‘Purpurascens’ und die Gefleckte Taubnessel (*Lamium maculatum*) ‘White Nancy’. Letztere harmoniert mit den weißen Blüten der Rose, der Salbei setzt den dunklen Kontrapunkt dazu.

Dezente Pastelltöne oder kräftige Kontraste –
Stauden bieten eine Vielzahl an Kombinationsmöglichkeiten
im Rosengarten.

Ton-in-Ton-Komposition

Harmonische Verläufe ähnlicher Farben sind sehr beliebt. Sie bewegen sich z. B. nur im kalten oder warmen Farbspektrum oder variieren nur eine einzelne Farbe. Bei sehr ähnlichen Tönen sollten Sie dann aber auf Unterschiede in der Blattstruktur oder Wuchsform achten, damit das Bild nicht langweilig wird. Das obige Foto zeigt die Apothekerrose (*Rosa gallica* 'Officinalis') mit Nachtkerzen (*Oenothera speciosa*), Katzenminze (*Nepeta* x *faassenii*) und Zistrose (*Cistus*-Hybride).

Kräftiger Dreiklang

Eine klare Kombination in den Farben der Trikolore! Solch ein Dreiklang hat Fernwirkung und leuchtet auch aus dem Hintergrund der Rabatte. Für kleine Beete und Gartenräume ist die Wirkung allerdings oft zu stark. Das Beispiel zeigt die Rose als farbliche Leitpflanze, der sich Feinstrahl (*Erigeron*) 'Sommerneuschnee' und Glockenblume (*Campanula lactiflora*) trotz Kontrastwirkung unterordnen. Wollen Sie das Bild abmildern, dann ersetzen Sie Rot durch Rosa.

Gedämpfte Herbststimmung

Auch im Herbst kann der Rosengarten noch zauberhaft wirken. Viele öfter blühende Rosensorten bringen noch einen späten Flor, und manche tragen gleichzeitig schon schöne Hagebutten. Im Staudenreich finden sich viele spät blühende Partner; Gehölze mit Herbstfärbung bilden hierfür einen malerischen Hintergrund. Das Foto zeigt die Beetrose 'Bonica' mit Fetthenne (*Sedum telephium*) 'Matrona', Gräsern und Gartenchrysanthemen.

Expertentipp
Ersetzen Sie die nicht winterharte Zistrose durch Präriemalven.

Expertentipp
Schneiden Sie Feinstrahl nach der Blüte zurück (Zweitblüte!).

Expertentipp
Fetthennen bieten immer einen schönen Winteraspekt!

Gut zu Rosen passende Stauden

Stauden für sonnige Plätze

Name	Wuchs-höhe	Blütezeit Blütenfarbe
Kissen-Aster *Aster Dumosus*-Hybriden	25–40 cm	August – Oktober weiß, rosa, karmin, violett, blau
Myrten-Aster *Aster ericoides*	70–120 cm	Oktober – November weiß, rosa, blau
Glockenblume *Campanula persicifolia*	70–80 cm	Mai – Juni weiß, blau
Blut-Storchschnabel *Geranium sanguineum*	20–35 cm	Juni – September weiß, rosa, karmin
Hohes Schleierkraut *Gypsophila paniculata*	80–100 cm	Juli – September weiß
Sonnenbraut *Helenium*-Hybriden	80–130 cm	Juli – September gelb, kupfer, braunrot
Katzenminze *Nepeta* spec.	30–80 cm	Juli – September weiß, lavendel-blau, rosa
Nachtkerze *Oenothera tetragona*	40–60 cm	Juni – September gelb, goldgelb

Stauden für Halbschatten

Eisenhut *Aconitum napellus*	120 cm	Juli – August dunkelblau
Günsel *Ajuga reptans*	15–20 cm	April – Juni weiß, blau
Herbst-Anemone *Anemone Japonica*-Hybriden	60–100 cm	August – Oktober weiß, rosa, karmin
Akelei *Aquilegia*-Hybriden	50–70 cm	Mai – Juni viele Farben
Gänsekresse *Arabis procurrens*	15 cm	März – April weiß
Bergenie *Bergenia*-Hybriden	20–45 cm	März – April weiß, rosa, karmin
Hohe Glockenblume *Campanula lactiflora*	80–90 cm	Juli – September rosalila, dunkel-blau

Frauenmantel

Alchemilla mollis
Höhe: 40–50 cm
Blütezeit: Mai – Juni
Staude

➤ **robust und vielseitig**

Aussehen: Das graugrüne Laub bildet einen dichten Blattteppich, aus dem die grüngelben Blüten in duftigen Trugdolden erscheinen.

Boden: Anspruchslos, aber frische, kräftige Böden liebend.

Pflege: Ausbreitungsdrang eindämmen! Bei starker Trockenheit wässern; zurückhaltend düngen.

Gestaltung: Zur Unterpflanzung von kräftigen Strauchrosen; zu Beetrosen nur mit genügend Abstand verwenden. Die Blütenfarbe passt vorzüglich zu allen Rosenfarben.

Rittersporn

Delphinium-Hybriden
Höhe: 1–2 m
Blütezeit: Juni und September
Beetstaude

➤ **klassischer Rosenpartner**

Aussehen: Die Blüten in Weiß, Violett und verschiedenen Blautönen sitzen an straffen Blütenstängeln.

Boden: Nährstoffreich, kräftig und frisch.

Pflege: Ein Rückschnitt auf 10 cm nach der Blüte ergibt zweiten Flor im Herbst; gute Wasserversorgung bei Trockenheit; kräftige Düngung im Frühjahr und nach dem Rückschnitt.

Gestaltung: Je nach Farbton zu verschiedenen Rosensorten kombinierbar; in den Hintergrund pflanzen; Wuchshöhen auf Rosengröße abstimmen.

Expertentipp
Wegen starker Aussaat nach der Blüte Blütenstände abschneiden!

Expertentipp
Im Austrieb auf Schnecken achten!

*Stauden als Partner
bringen Farbtöne ins Spiel, die wir bei
den Rosen nicht finden.*

Feinstrahl

Erigeron-Hybriden
Höhe: 50–70 cm
Blütezeit: Juni und September
Beetstaude

➤ **blühwillige Schnittstaude**

Aussehen: Die Astern ähnlichen Blütenköpfchen sitzen an stark verzweigten Stielen. Sie blühen weiß, rosa, oder hell- bis dunkel-violettblau. Die Blätter sind ungeteilt und dunkelgrün.
Boden: Tiefgründig, nährstoffreich, durchlässig.
Pflege: Ausreichend düngen; in Trockenzeiten wässern; Rückschnitt nach erster Blüte bringt Nachblüte im Spätsommer.
Gestaltung: Schön in Gruppen zwischen Kleinstrauchrosen und kräftigen Beetrosen.

Storchschnabel

Geranium x *cantabrigiense*
Höhe: 20–30 cm
Blütezeit: Mai – Juni
Flächenstaude

➤ **blühende Bodendecke**

Aussehen: Die glänzenden, kleinen Blättchen sind wintergrün; die im Mai erscheinenden Blüten hellrosa-weiß/karmin mit rötlichen Kelchen.
Boden: Durchlässig, auch trocken.
Pflege: Im Frühjahr leichte Düngung; nach einigen Jahren zur Verjüngung Triebe einkürzen.
Gestaltung: Vorzüglich zur Unterpflanzung von Strauch- und Kleinstrauchrosen, als Randbepflanzung von Beet- und Flächenrosen.

Hain-Salbei

Salvia nemorosa
Höhe: 40–100 cm
Blütezeit: Mai–Juni/September
Staude

➤ **lang blühender Farbträger**

Aussehen: Verzweigte, vierkantige Stängel tragen dichte Blütenähren in verschiedenen Blau- und Violetttönen, Rosa oder Weiß. Je nach Sorte ist der Wuchs kompakt oder locker-aufstrebend.
Boden: Durchlässig, kalkhaltig, auch trocken.
Pflege: Rückschnitt und Düngung nach Erstblüte ergibt Zweitflor im September. Auf Schneckenbefall achten.
Gestaltung: In Gruppen zwischen Beet- und Flächenrosen oder mit anderen Wildstauden zu Wildrosen.

Expertentipp
Erigeron sind vorzügliche Schnittblumen!

Expertentipp
Gute Sorten sind 'Biocovo' (Foto) und 'Karmina'.

Expertentipp
Besondere Farb-Sorte: 'Amethyst'.

Rosen und Sommerblumen

Einjährige Sommerblumen

Name	Wuchs-höhe	Blütezeit Blütenfarbe
Leberbalsam *Ageratum houstonianum*	15–60 cm je nach Sorte	Juni – Frost weiß, rosa, violett-blau
Löwenmäulchen *Antirrhinum majus*	20–80 cm je nach Sorte	Juni – September viele Farbtöne
Kornblume *Centaurea cyanus*	30–100 cm je nach Sorte	Juni – August blau, weiß, weinrot, rosa
Trichterwinde *Convolvulus tricolor*	20–40 cm	Juni – Oktober blau, rosa, karmin gelbweiße Mitte
Schmuckkörbchen *Cosmos sulphureus*	60–80 cm	Juli – September gelb, orange
Elfensporn *Diascia*-Hybriden	20–30 cm	Juni – September weiß, apricot, rosa, pink
Präriekerze *Gaura lindheimeri*	60–80 cm	Juni – September weiß, rosa
Einjähriges Schleierkraut *Gypsophila elegans*	bis 50 cm	Juni – Juli weiß, rosa
Bechermalve *Lavatera trimestris*	60–120 cm je nach Sorte	Juli – Herbst weiß, rosa, karmin
Duftsteinrich *Lobularia maritima*	5–15 cm	Mai – Herbst weiß, rosa, karmin, gelb, apricot
Mehliger Salbei *Salvia farinacea*	50–80 cm	Juni – Oktober violett, blau
Schleier-Verbene *Verbena bonariensis*	70–120 cm	Juli – Oktober purpurviolett

Zweijährige Sommerblumen

Name	Wuchs-höhe	Blütezeit Blütenfarbe
Bartnelke *Dianthus barbatus*	bis 60 cm je nach Sorte	Juni – August weiß, rosa, karmin, weinrot
Roter Fingerhut *Digitalis purpurea*	100–150 cm	Juni – Juli weiß, rosa, hellgelb, karminrot
Kron-Lichtnelke *Lychnis coronaria*	40–90 cm	Juni – August weiß, weiß-rosa, karmin

Sommerliche Blütenpracht

Viele Sommerblumen brauchen ebenso wie Rosen nährstoffreiche, lockere Böden, einen sonnigen Standort und regelmäßige Wasserversorgung – ideale Partner also.

Außerdem haben sie gegenüber Stauden den Vorteil, dass in den Rosenbeeten zur Schnittzeit im Frühjahr einfacher gearbeitet werden kann, da die Sommerblumen erst danach gepflanzt oder ausgesät werden.

Mit Sommerblumen lassen sich vor allem frisch bepflanzte Rosenbeete farblich »aufpeppen« und Leerstellen schnell begrünen.

Wie bei den Stauden ist auch bei Sommerblumen auf genügenden Pflanzabstand zu den Rosen und auf die Abstimmung der Wuchsgrößen zu achten. Die Rosen sollten bei diesen Gestaltungen grundsätzlich dominieren. Vermeiden Sie zu farbkräftige Sommerblumen, wie den Scharlach-Salbei, die den Rosen leicht die Schau stehlen können.

Mit dem heute erhältlichen großen Sortiment an Sommerblumen können farblich fein abgestimmte Pflanzungen geschaffen werden.

Schmuckkörbchen, Kosmea

Cosmos bipinnatus
Höhe: 80–120 cm
Blütezeit: Juli – Oktober
einjährige Sommerblume

➤ **gute Schnittblume**

Aussehen: Blüten schalenförmig, groß, weiß, rosa, karminrot, auch zweifarbig; Triebe stark verzweigt; Laub ist fein zerteilt; Cosmea werden in Mischungen und Farbsorten angeboten.
Boden: Nährstoffreich, locker.
Pflege: Im März/April vorziehen, ab Mitte Mai auspflanzen; Verblühtes ausschneiden; gut düngen und gießen.
Gestaltung: In Gruppen zu kräftigen Strauchrosen oder zur Auflockerung zwischen hohe Beet- und Flächenrosen in Weiß-Rosa-Karmin.

Jungfer im Grünen

Nigella damascena
Höhe: 30–50 cm
Blütezeit: Juni – September
einjährige Sommerblume

➤ **leicht zu kultivieren**

Aussehen: Einzelne endständige Blüten, einfach oder halbgefüllt, weiß, rosa, hell- oder dunkelblau; Blätter fein zerteilt; stark verzweigt.
Boden: Anspruchslos.
Pflege: Direktsaat an Ort und Stelle ab März, Folgesaaten alle 8–14 Tage.
Gestaltung: Zur Unterpflanzung von Alten und Nostalgie-Rosen in ländlichen Gärten; aber auch für elegante Kombinationen wie weiße Nigella mit weißen Rosen.

Buntschopf-Salbei

Salvia viridis (syn. *horminum*)
Höhe: 40–60 cm
Blütezeit: Juni – August
einjährige Sommerblume

➤ **Sommerblume mit Tradition**

Aussehen: Stängel aufrecht und verzweigt; Blüten in Rispen mit auffälligen Deckblättern in weiß, rosa oder violett.
Boden: Durchlässig und nährstoffreich.
Pflege: Entweder ab März vorziehen und im Mai auspflanzen oder Direktsaat im April.
Gestaltung: Für ungezwungene Kombinationen mit Stauden und Alten Rosen im Bauerngarten; violette Farbsorten auch schön zum Mischen mit gelben und orange Beetrosen.

Expertentipp
Für Herbstblüte auch Direktsaat Ende April.

Expertentipp
Die auffälligen Samenkapseln sind gute Trockenblumen.

Rosen und Gräser

Staudige Gräser

Name	Höhe Wuchs/ Blattwerk	Blütezeit Besonderheiten
Silberährengras *Achnatherum calamagrostis*	90 cm horstig	Juli – September überhängende Rispen
Bergsegge *Carex montana*	20 cm dichter, überhängender Blattschopf	Februar – April schöne Herbstfärbung
Waldschmiele *Deschampsia cespitosa*	80 cm dunkelgrüner, wintergrüner Blattschopf	Juni – August duftige Rispen in silbergrün/goldgelb/braun
Liebesgras *Eragrostis curvula*	100 cm feine, überhängende Blätter	Juni – September zierlich-duftige Blütenstände, lange Blütezeit
Chinaschilf *Miscanthus sinensis* 'Kleine Silberspinne'	150 cm weiß gebänderte Blätter, schilfartig	Juli – Oktober fedrige, silbrigrote Blütenrispen, Solitärgras
Lampenputzergras *Pennisetum alopecuroides*	90 cm schmale, graugrüne Blätter, breite, dichte Horste bildend	September – Oktober flaumig-fedrige Ähren in hellem Braunrosa
Goldbartgras *Sorghastrum nutans*	130 cm bronzegrüner, dichter Blattschopf	August – Oktober rotbraune Halme, auffällig gelbe Staubgefäße

Einjährige Gräser

Name	Höhe Wuchs/ Blattwerk	Blütezeit Besonderheiten
Mähnengerste *Hordeum jubatum*	40 cm getreideähnlich, hellgrün	Juli – September Grannen silberweiß, reif gelb,
Lampenputzergras *Pennisetum villosum*	50–60 cm schmale graugrüne Blätter, horstig	Juli – September walzenförmige Ähren mit fedrigen Grannen
Rubingras *Rhynchelytrum repens*	60–70 cm Triebe breit niederliegend	Juli – Oktober duftige braunrosa Blütenrispen

Die Vielfalt der Gräser

Gräser können sehr vielfältig zur Gartengestaltung eingesetzt werden. Es gibt Gräser für schattige Waldgärten, trocken-sonnige Steppenbeete, Sumpf- und Wassergärten. Wir finden unter ihnen Zwerge von einigen Zentimetern und Riesen mit 2–3 Metern Höhe, manche sind als Bodendecker einsetzbar, andere eignen sich als Solitärpflanzen oder Partner zu Stauden und Gehölzen.

Gräser, die mit Rosen vergesellschaftet werden sollen, müssen allerdings deren Standortansprüche teilen. Das heißt sonnige Lagen und nährstoffreiche, humos-durchlässige Böden mit ausgeglichener Wasserversorgung. Ausnahmen sind z. B. Pflanzflächen unter oder neben großen Strauchrosen, die recht schattig sein können, oder naturnahe Wildrosenpflanzungen an trockenen Hängen, an denen auch Gräser aus Trockenrasen und Steppenheide Verwendung finden. Mit einjährigen Gräsern können schnelle Wirkungen erzielt werden. Sie passen besonders zu Beetrosen und bunten Rosen-Sommerblumen-Kombinationen.

*Viele Gräser verschönern mit ihren
Blattschöpfen und trockenen Blütenhalmen selbst
noch den winterlichen Garten.*

Diamantgras

Achnatherum brachytrichum
Höhe/Breite: 120 cm/60 cm
Blütezeit: September – Oktober
Staude

➤ **vielseitiger Spätblüher**

Blüten: Lockere, aufrechte Rispen, graurosa.
Blätter: Schmal, silbergrün, überhängend, Knie hohe Horste bildend.
Boden: Anspruchslos, durchlässig, auch trocken.
Pflege: Rückschnitt zeitig im Frühjahr, evtl. mäßige Düngung.
Gestaltung: Schönes Solitärgras, in Gruppen in naturnahen Staudenpflanzungen, zu Wild-, Strauch- und Flächenrosen; die Blütenrispen wirken vor allem neben rosa Rosen sehr gut.

Reitgras

Calamagrostis x *acutiflora*
Höhe/Breite: bis 1,5m/40–50 cm
Blütezeit: Juli – August
Staude

➤ **langlebig und robust**

Blüten: Schmale, aufrechte Ährenrispen, ab August gelb färbend; an straffen Stielen, lange standfest.
Blätter: Grün, aufrecht-überhängend, sehr früh austreibend.
Boden: Anspruchslos, trocken bis frisch, durchlässig.
Pflege: Rückschnitt im zeitigen Frühjahr/Spätwinter; mäßige Düngung.
Gestaltung: Solitärgras oder Strukturbildner in größeren Rabatten.

Rutenhirse

Panicum virgatum
Höhe/Breite: bis 1,6 m/45–60 cm
Blütezeit: Juli – September
Staude

➤ **schleierartige Blütenwirkung**

Blüten: Duftige, hellbraune Rispen an rötlichen oder grünen Halmen.
Blätter: Lanzettlich, aufrecht-überhängend, hellgrün, bei einigen Sorten rotbraun verfärbend; später Austrieb.
Boden: Durchlässig, humos, trocken bis frisch und nährstoffreich.
Pflege: Rückschnitt im Frühjahr; mäßig düngen; bei Trockenheit gießen.
Gestaltung: Rotbraune Sorten zu Rosen in warmen Farbtönen wie Apricot, Orange, Goldgelb.

Expertentipp
Ist auch unter dem Namen Calama-grostis brachytricha bekannt.

Expertentipp
Die Sorte 'Overdam' trägt grünweiß gestreifte Blätter.

Expertentipp
Die Sorte 'Rehbraun' hat eine rotbraune Herbstfärbung.

Rosen und Gehölze

Gehölze, die zu Rosen passen

Art/Sorte	Wuchshöhe	Blütezeit Blüten- und Blattfarbe
Kupfer-Felsenbirne *Amelanchier lamarckii*	bis 4 m	April weiß; orangerote Herbstfärbung
Berberitze *Berberis thunbergii* 'Atropurpurea'	2–2,5 m	Mai gelb; rotbraunes Laub
Schmetterlingsflieder *Buddleja davidii*	bis 3 m	Juli – September weiß, violettblau, rosa, karminrot
Hartriegel *Cornus alba* 'Elegantissima'	2,5–3 m	Mai – Juni unauffällig; weißgerandetes Laub
Deutzie *Deutzia rosea*	1,2 m	Mai – Juni rosa
Bartblume *Caryopteris clandonensis*	bis 1 m	August – September lavendelblau; Laub graugrün
Perlmuttstrauch *Kolkwitzia amabilis*	bis 3 m	Mai – Juni hellrosa, reichblühend
Falscher Jasmin *Philadelphus* 'Belle Etoile'	1,5–2 m	Juni duftend, weiß mit purpurroter Mitte
Blasenspiere *Physocarpus opulifolius* 'Diabolo'	bis 2,5m	Mai zartrosa; dunkelrotbraunes Laub
Weidenblättrige Birne *Pyrus salicifolia*	bis 4 m	Mai weiß; silbergraues, Olivenähnliches Laub
Spierstrauch *Spiraea x cinerea* 'Grefsheim'	1,5–1,8 m	April weiß; grau-grünes, feines Laub
Zwerg-Spierstrauch *Spiraea japonica* 'Little Princess'	30– 50 cm	Juni – August hellrosa
Zwerg-Flieder *Syringa microphylla* 'Superba'	1,5 m	Mai – Oktober rosalila

Hintergrund oder Beigabe

Gehölze sind in vielfältiger Weise mit Rosen kombinierbar. Sie können neutraler Hintergrund sein für die bunten Rosenblüten (z. B. Hecken aus Eibe oder Hainbuche), mit farbigem Laub- oder Nadelkleid die Blütenfarben der Rosen begleiten (z. B. Perückenstrauch), durch frühe Blüte die Blühsaison verlängern (z. B. Schneeball oder Spierstrauch), oder die Blütenpracht der Rosen mit gleichzeitiger Blüte unterstützen und ergänzen, z. B. *Clematis* (Bild rechts). Als Kombinationspartner kommen natürlich wieder nur Pflanzen mit den gleichen Ansprüchen an Boden und Belichtung in Frage. Eine Ausnahme bilden Bäume, die räumlich weiter entfernt stehen. Achten Sie darauf, dass der Pflanzabstand zu den Rosen immer auf die Wuchsgröße der Partnergehölze abgestimmt ist, damit keine zu starke Konkurrenz um Licht, Wasser und Nährstoffe entsteht. Pflanzen Sie *Clematis* nur ca. 30–40 cm von der Rose entfernt, in die sie klettern soll. Auch sollte die Rose schon 3–4 Jahre stehen und ein ausreichendes Astgerüst ausgebildet haben. Geeignet sind hierfür große Strauch- und Kletterrosen.

*Die Gehölze sind gleichzeitig
Kulissen und Mitspieler im sommerlichen
»Rosentheater«.*

Waldrebe, Clematis
Clematis-Hybriden und -Arten
Höhe: 1,5–6 m
Blütezeit: April – Oktober
sommergrünes Klettergehölz

➤ **prächtige Kletterkünstler**

Aussehen: Bis 20 cm große Blüten in vielen Farben, auch zweifarbig; bei einigen auch zierende Samenstände.
Boden: Durchlässig, humos, kalkhaltig.
Pflege: Bei Pflanzung bisheriger Topfballen 10–15 cm tief unter Erdoberfläche, Wurzelbereich mit Staudenpflanzung oder Gestein schattieren; bei Trockenheit wässern, im Frühjahr düngen; Rückschnitt je nach Sorte verschieden.
Gestaltung: Mit Kletter- und Strauchrosen kombinieren, Blütezeiten und -farben abstimmen.

Perückenstrauch
Cotinus coggygria 'Royal Purple'
Höhe/Breite: 3–5 m/3–4 m
Blütezeit: Juni
buschiger Großstrauch

➤ **wunderbarer Blattschmuck**

Aussehen: Tief braunrotes Laub, das sich im Herbst orange färbt; kleine Blütchen an stark verzweigten Blütenständen, die nach dem Abblühen wollig behaarte Samen ausbilden (Name!).
Boden: Durchlässig, trocken.
Pflege: Anspruchslos, andere Gehölze auf Abstand halten.
Gestaltung: Idealer Hintergrund für Rosen in warmen Gelb-Orange- und Rottönen, aber auch zu Lachsrosa sehr schön; größere Exemplare auch als »Kletterbaum« für Ramblerrosen.

Fingerstrauch
Potentilla fruticosa
Höhe/Breite: 0,4–1,2 m/bis 1,2 m
Blütezeit: Juni– Oktober
sommergrüner Kleinstrauch

➤ **robuster Dauerblüher**

Aussehen: Kleine, kugelig-kompakte Sträucher mit zahlreichen schalenförmigen Blüten in Weiß, Rosa, Orangerot oder Gelb.
Boden: Anspruchslos, normale Gartenböden.
Pflege: In extremen Trockenperioden wässern; alle 3–4 Jahre zur Verjüngung komplett zurückschneiden.
Gestaltung: In kleinen Gruppen zur Auflockerung von Flächen- und Beetrosen; zur Vorpflanzung von Strauchrosen; immer Wuchshöhe und Farbe auf Rosen abstimmen!

Expertentipp
Geben Sie eine Drainageschicht aus Splitt/Kies in das Pflanzloch.

Expertentipp
Auch schön: die Wildform Cotinus coggygria mit grünem Laub.

Expertentipp
Gute niedrige Art: die weiß blühende Potentilla fruticosa v. mandshurica.

Rosen und Immergrüne

Immergrüne Laubgehölze

Name	Höhe Verwendung	Wuchsform Blätter/Nadeln
Buchsbaum *Buxus sempervirens v. arborescens*	bis 3 m Formschnitt, freigewachsen	stark, dicht dunkelgrüne Blätter
Buchsbaum *Buxus sempervirens* 'Suffruticosa'	45–50 cm Einfassungen	schwach, sehr dicht, dunkelgrüne Blätter
Stechpalme *Ilex aquifolium*	bis 4,5 m zur Unterpflanzung von Großgehölzen	aufrecht bis locker verzweigt panaschierte Blätter
Wintergrüner Liguster *Ligustrum vulgare* 'Atrovirens'	bis 5 m Schnitthecken, gemischte Hecken	buschig dunkelgrüne Blätter
Lorbeerkirsche *Prunus laurocerasus* 'Herbergii'	bis 2,5 m Solitär, Hecken	breit-aufrecht dunkelgrün glänzende, elliptische Blätter
Wintergrüner Schneeball *Viburnum x burkwoodii*	bis 3 m Solitärgehölz	locker-breit dunkelgrüne, rundliche Blätter,

Immergrüne Nadelgehölze

Name	Höhe Verwendung	Wuchsform Blätter/Nadeln
Scheinzypresse *Chamaecyparis lawsoniana* in Sorten	bis 5 m Schnitthecken, Solitär	kegel-säulenförmig Nadeln grau, satt- oder gelbgrün, goldgelb
Wacholder *Juniperus communis* in Sorten	0,2–4 m Solitär oder in Gruppen	teppichartig bis säulenförmig Nadeln blau- oder hellgrün
Virginischer Wacholder *Juniperus virginiana* in Sorten	2–6 m Solitär oder in Gruppen	locker-aufrecht bis säulenförmig Nadeln blau-dunkelgrün
Zwerg-Kiefer *Pinus mugo* in Sorten	0,5–1 m Heidegärten, Steinanlagen	kugelig-kompakt Nadeln dunkelgrün
Becher-Eibe *Taxus x media* 'Hicksii'	bis 3 m Hecken, Solitär	breit-säulenförmig dunkelgrüne Nadeln

Grüne Kulisse

Immergrüne werfen überalterte Blätter bzw. Nadeln das ganze Jahr über ab. Die Sonderform der Wintergrünen verliert die Blätter erst mit dem Neuaustrieb im Frühjahr. Einige Immergrüne sind sehr schnittverträglich und daher für formale Gartenanlagen sehr geschätzt. Man kann je nach Art niedrige Einfassungen, meterhohe Hecken sowie Formen jeglicher Gestalt daraus schneiden. Aber auch frei gewachsene Immergrüne geben schöne Partner zu Rosen ab. Lassen Sie z. B. Kletterrosen in eine große Schwarz-kiefer oder Eibe hineinwachsen, oder pflanzen Sie eine Wacholder-Gruppe zu Wildrosen wie *Rosa glauca*.

Viele immergrüne Laubgehölze leiden unter sonnig-kalten Wintern: bei gefrorenen Böden können sie kein Wasser aufnehmen, verdunsten aber weiter und erleiden dann Trockenschäden. Eine Schattierung mit Vlies oder Jute, sowie Wassergaben an frostfreien Tagen mildern diese Schäden ab. Schnitthecken sollten Sie oben schmaler halten als unten, damit sie nicht verkahlen.

Der ruhige Hintergrund von immergrünen Gehölzen bringt Rosenblüten so richtig zur Geltung.

Buchsbaum
Buxus sempervirens
Höhe/Breite: 0,4–3 m
Wuchs: dicht-buschig
Strauch/Zwergstrauch

➤ traditionsreiches Gehölz

Aussehen: Glänzend dunkelgrüne oder gelbgrün panaschierte Blättchen; unauffällige Blüten im April – Mai.
Boden: Jeder normale Gartenboden.
Pflege: Anspruchslos; im Winter an frostfreien Tagen wässern; organische Düngung im Frühjahr; Schnitt Anfang bis Mitte Juli.
Gestaltung: Für Pflanzungen mit Rosen und Stauden; geschnitten zu Hecken und Einfassungen.

Lorbeerkirsche
Prunus laurocerasus
Höhe/Breite: 1–3,5 m
Wuchs: flach bis aufrecht
Strauch

➤ Laubschmuckgehölz

Aussehen: Ledrige, glänzend dunkelgrüne Blätter; im April – Mai weiße Blütentrauben mit strengem Geruch; ab Juli schwarze, kleine Kirschen.
Boden: Humos-durchlässig, nährstoffreich.
Pflege: Bei sonnigem Stand im Winter evtl. schattieren; bei Trockenheit, auch im Winter, gießen; im Frühjahr mit Kompost düngen.
Gestaltung: Hintergrundpflanzung für Rosenbeete, zur Unterpflanzung von Bäumen.

Eibe
Taxus baccata/T. x media
Höhe/Breite: 0,5–8 m/1–6 m
Wuchs: aufrecht, säulig, flach
Strauch/Großstrauch/Baum

➤ sehr formenreich

Aussehen: Dunkelgrün glänzende Nadeln, auch gelb nadelige Sorten; Blüten unauffällig; rote, fleischige Samenhüllen.
Boden: Jeder normale, frische Gartenboden; liebt hohe Luftfeuchte und Kalk.
Pflege: Robust, anspruchslos, gut schnittverträglich; in Trockenzeiten gut wässern.
Gestaltung: Sehr vielseitig; z. B. als Hintergrund für Stauden- und Rosenbeete.

Expertentipp
Nicht für strenge Schnittformen, angeschnittene Blätter vertrocknen.

Expertentipp
Bis auf die rote Samenhülle sind alle Teile sehr giftig!

Rosen und Duftpflanzen

Duftpflanzen, die zu Rosen passen

Art/Sorte	Wuchshöhe	Blütezeit Blütenfarben
Gehölze		
Schmetterlingsflieder *Buddleja Davidii*-Hybriden	1,5–3,5 m	Juli – Sept. weiß, rosa, karmin, violett
Duftblüte *Osmanthus x burkwoodii*	bis 2 m	April weiß
Falscher Jasmin *Philadelphus*-Arten und -Sorten	1,5–5 m	Juni – Juli weiß
Flieder *Syringa*-Arten und -Hybriden	1–5 m	Mai – Juni weiß, rosa, violett
Schneeball *Viburnum*-Arten	1–3 m	Februar – Mai weiß, hellrosa
Stauden		
Federnelke *Dianthus plumarius*	20–30 cm	Juni – Juli weiß, rosa, dunkelrot
Diptam *Dictamnus albus*	60–100 cm	Mai – Juni weiß, purpur-rosa
Taglilie *Hemerocallis citrina*	bis 1 m	Juli – August gelb
Phlox *Phlox paniculata*	70–120 cm	Juli – Sept. viele Farben
Duftveilchen *Viola odorata*	bis 20 cm	März – April weiß, purpur-rot, violett
Zwiebelblumen		
Sterngladiole *Acidanthera bicolor*	70–90 cm	Juli – Sept. weiß mit purpurnem Auge
Hyazinthe *Hyacinthus orientalis*	20–30 cm	April – Mai viele Farben
Lilie *Lilium*-Hybriden	60–150 cm	Juni – Sept. viele Farben
Narzisse *Narcissus*-Arten und -Sorten	15–45 cm	März – Mai weiß, gelb, zweifarbig

Mit der Nase »sehen«

Zu den berühmtesten Düften im Pflanzenreich gehört der Rosenduft. Man sagt ihm eine entspannende und euphorisierende Wirkung nach. Rosendüfte sind unglaublich vielfältig und nuancenreich. Neben fruchtigen Tönen wie z. B. Zitrone findet man auch würzige Noten wie Myrrhe, Zimt oder Vanille und Blütendüfte wie Lilie oder Maiglöckchen.

Duftpartner wie z. B. Lilien (Bild oben) können die Wirkung der Rosen nicht nur optisch verstärken oder ergänzen.

Neben duftenden Gehölzen wie Rosen, Flieder und Duft-Schneeball finden Sie auch bei den Stauden, Sommerblumen und Zwiebelpflanzen mancherlei Blüten- und Laubdufter (→ Tabelle).

*Düfte geben Ihrem Garten
neben Form und Farbe eine weitere
Dimension.*

Lavendel
Lavandula angustifolia
Höhe: 35–70 cm
Blütezeit: Juni – August
Halbstrauch

➤ **klassisch und frisch**

Aussehen: Kleine, hell- bis dunkel-violettblaue, rosa oder weiße Blüten; immergrüne, graugrüne bis silber-graue, nadelförmige Blätter.
Duft: Frisch-aromatisch.
Boden: Durchlässig, auch steinig-sandig, nährstoffarm und kalkhaltig.
Pflege: Nach der Blüte Blütenstängel und Triebspitzen einkürzen; im Frühjahr nochmals leicht zurückschneiden.
Gestaltung: Zu vielen Rosen sehr schön, wegen anderer Standortansprüche aber mit Abstand pflanzen.

Geißblatt
Lonicera periclymenum
Höhe: 4–5 m
Blütezeit: Juni – August
sommergrünes Klettergehölz

➤ **robuster Nacht-Dufter**

Aussehen: Windende Triebe; Blätter tellerförmig verwachsen, unterseits graugrün; Blüten röhrenförmig, stehen zu mehreren zusammen, innen creme-gelb, außen rötlich; Beeren sind rot und giftig.
Duft: Blumig-süß, weitreichend.
Boden: Sandig-humose, frische Lehmböden.
Pflege: Bei Trockenheit wässern; stabile Kletterhilfe anbieten.
Gestaltung: Zusammen mit Kletterrosen für Gartenlauben, Pergolen und Rankbögen.

Sommer-Levkoje
Matthiola Incana-Hybriden
Höhe: 50–80 cm
Blütezeit: Juli – August
einjährig gezogene Staude

➤ **traditionelle Duftpflanze**

Aussehen: Laub und Stängel filzig behaart, Blüten meist gefüllt, weiß, rosa, karminrot, violett oder hellgelb.
Duft: Schwer, mit Gewürznelken-Note.
Boden: Durchlässig, kalkhaltig.
Pflege: Aussaat von März bis April unter Glas; Sämlinge pikieren und nach den Eisheiligen auspflanzen.
Gestaltung: Mit anderen Sommerblumen und Rosen für bunte Beete im Bauerngarten; mit Alten Rosen in ähnlichen Farbtönen für nostalgische Gartenbilder.

Rosen und Zwiebelblumen

Zwiebel- und Knollenpflanzen

Art/Sorte	Wuchshöhe	Blütezeit Blütenfarben
Zierlauch *Allium*-Arten und -Sorten	20–150 cm	April – August weiß, gelb, rosa, violett
Strahlen-Anemone *Anemone blanda*	10–15 cm	März – April weiß, karmin, violettblau
Kronen-Anemone *Anemone coronaria*	25–40 cm	April – Mai, Juni – September viele Farben
Schneeglanz *Chionodoxa luciliae*	15–20 cm	März – April weiß, rosa, blau
Montbretie *Crocosmia* x *crocosmiiflora*	60–70 cm	Juli – Oktober gelb, orange Frühjahrs-pflanzung!
Krokus *Crocus*-Hybriden und -Arten	5–10 cm	Februar – April viele Farben außer Rot
Dahlie *Dahlia*-Hybriden	30–140 cm	Juli – Oktober viele Farben
Kaiserkrone *Fritillaria imperialis*	80–100 cm	April gelb, orange, rot
Sommerhyazinthe *Galtonia candicans*	80–100 cm	Juli – September weiß
Holländische Iris *Iris Hollandica*-Hybriden	50–60 cm	Juni weiß, gelb, blau, violett
Lilien *Lilium*-Hybriden	50–150 cm	Juni – September viele Farben außer Blau
Milchstern *Ornithogalum nutans*	25 cm	April – Mai weiß-grün
Puschkinie *Puschkinia scilloides v. libanotica*	20 cm	März weiß, blau
Blausternchen *Scilla*-Hybriden und -Arten	10–25 cm	Februar – April weiß, blau, rosa

Nicht nur Lückenbüßer

Mit Zwiebelblumen bringen Sie zusätzliche Abwechslung in Ihre Rosenpflanzungen. Mit den Frühjahrsblühern können Sie die Blühsaison schon sehr früh starten – so blühen die ersten schon im Februar auf, und es folgen viele andere bis zum Beginn der Rosenblüte.

Sommerblüher wie Zierlauch und Lilien verstärken dagegen die Blütenfülle von Rosen und Stauden noch.

Viele Zwiebeln stehen gerne über lange Jahre ungestört am gleichen Platz. Pflanzen Sie sie daher nicht auf reine Rosenbeete, die jährlich bearbeitet werden, sondern besser in gemischte Rabatten, wo sie zwischen Stauden oder unter Gehölzen unbehelligt wachsen und sich vermehren können. Zwischen Beet- oder Edelrosen können Sie großblumige Tulpensorten setzen, die jedes Jahr erneuert werden, oder verwenden Sie sommerblühende Zwiebeln, die erst im Frühjahr gepflanzt werden. Achten Sie bei gleichzeitig mit den Rosen blühenden Zwiebelblumen auf Harmonie in Farbe und Form. Die auf dem Foto abgebildeten *Allium* wiederholen die kugelige Form der Rosenblüten – über die Farb-Kombination ließe sich jedoch streiten.

*Mit Zwiebelblumen im Rosenbeet
lassen sich Blühpausen leicht überbrücken und
farbenfroh verkürzen.*

Traubenhyazinthe

Muscari-Arten
Höhe: 10–25 cm
Blütezeit: März – Mai je nach Art
Zwiebelpflanze

➤ **ideal zum Verwildern**

Aussehen: Blätter länglich, fleischig; Blüten in einem traubigen Blütenstand vereint, sind weiß, blau oder violett.
Boden: Durchlässige, normale Gartenböden.
Pflege: Zwiebeln im September/Oktober 5–8 cm tief und mit 5–8 cm Abstand einpflanzen; Verblühtes eventuell entfernen, da starke Aussaat möglich.
Gestaltung: Schön für natürliche Pflanzungen mit Wildstauden; in Tuffs zwischen Polsterstauden an der Beetkante.

Gartennarzissen

Narcissus-Arten und -Hybriden
Höhe: 25–50 cm
Blütezeit: März – Mai
Zwiebelpflanze

➤ **langlebig und zuverlässig**

Aussehen: Blüten einzeln oder zu mehreren, schalenförmig mit einer mehr oder weniger langen Krone in der Mitte, weiß bis dunkelgelb, auch zweifarbig.
Boden: Lehmig-humos, frisch-feucht, nährstoffreich.
Pflege: Pflanzung im September/Oktober, 10–15 cm tief, mit 10–15 cm Abstand je nach Sorte; im Frühjahr organisch düngen.
Gestaltung: Zwischen Stauden oder im Rasen unter Strauchrosen.

Gartentulpen

Tulipa-Arten und -Hybriden
Höhe: 20–60 cm
Blütezeit: März – Mai
Zwiebelpflanze

➤ **große Sortenvielfalt**

Aussehen: Blüten glockig bis trichterförmig, in allen Farben außer Blau, auch mehrfarbig und gemustert.
Boden: Durchlässig, auch sandig, nährstoffreich.
Pflege: Pflanzung im September/Oktober in ca. 10–15 cm Tiefe, mit 10–15 cm Abstand; Düngung im Frühjahr oder Vorratsdüngung im Herbst.
Gestaltung: Botanische Tulpen mit Wildstauden und Wildrosen kombinieren, großblumige Hybriden auch für formale Beete und im Bauerngarten.

Expertentipp
Dämmen Sie die Ausbreitung durch Abstechen ein.

Expertentipp
Sollten nach einigen Jahren geteilt und frisch gepflanzt werden.

Expertentipp
Pflanzen Sie doppelt bis dreifach so tief, wie die Zwiebel hoch ist!

Rosen im und am Haus

*Wie keine andere Blume ist die Rose
in der Lage, mit ihrem Charme auch Haus und
Wohnung zu verzaubern.*

Rosen werden ihrer Schönheit wegen schon lange in Hausnähe kultiviert. Aus dem antiken Griechenland ist die Kultur in Töpfen bekannt, und im alten Rom war die Rosenkultur zu Dekorationszwecken sogar ein florierendes Gewerbe.

Rosen in Kübeln und Töpfen

Selbst wer nur einen Balkon oder eine Terrasse besitzt, braucht auf die Kultur von Rosen nicht zu verzichten. Hier bieten Kübel, Kästen und Töpfe sowie die Vielzahl an Rosensorten viele reizvolle Kombinationsmöglichkeiten. Selbst die Wohnung können Sie mit Topfrosen verschönern, auch wenn sie nicht gerade die idealen Zimmerpflanzen sind und bald wieder an die frische Luft müssen.

Rosen in der Vase

Rosen zählen zu den beliebtesten und schönsten Schnittblumen. Im Blumenhandel erhalten Sie eine große Auswahl an schönen Rosen, und seit einigen Jahren sind auch wieder mehr duftende Sorten zu bekommen. Aber aus dem eigenen Garten können Sie Rosenblüten schneiden, die Sie im Blumengeschäft nicht finden, denn viele schöne Sorten eignen sich nicht für den gewerblichen Anbau. Nutzen Sie also die Chance, Ihre Rosen auch bei schlechtem Wetter ganz aus der Nähe mit all ihren Farb- und Duftnuancen erleben zu können.

Rosen in Küche und Haushalt

Neben ihrer dekorativen Wirkung dienen Rosen auch schon lange der Erzeugung kulinarischer Genüsse und duftender Essenzen zur Schönheitspflege. Rosenöl war schon in der Antike ein begehrtes Handelsgut und wird auch heute noch in der Kosmetik und bei der Herstellung von Marzipan sehr geschätzt. Die Herstellung von Marmeladen, Sirupen und Likören aus den Hagebutten war in ländlichen Gegenden früher weit verbreitet.
Auch heute sind Rosenprodukte wieder sehr gefragt, denn sie bringen mit ihrem unverwechselbaren Duft und Aroma etwas von der Harmonie und dem Zauber der Rosen in den Alltag.

*Fein abgestimmte Farben zeigt
dieses herbstliche Stillleben aus
Früchten, Gemüse und Rosen.*

Symbolik und Tradition

Rosen haben viele Spuren in Kunst, Literatur, Religion und Volksbräuchen hinterlassen. Sie gehören untrennbar zur Kultur vieler Völker.

Kurze Kulturgeschichte

Die Gartenrosen stammen nicht, wie man vielleicht vermuten könnte, von unseren wilden Heckenrosen ab. Vielmehr kommt das genetische Ausgangsmaterial ursprünglich zu einem Großteil aus dem vorderasiatischen Raum, von wo die Rosen über Griechenland bis nach Rom gelangten. In der Völkerwanderungszeit ging die Rosenkultur im ehemaligen römischen Reich dann mehr und mehr verloren, und erst ab dem Mittelalter gab es in Nordeuropa wieder einen Aufschwung. Während der Kreuzzüge wurden erneut Rosen aus Vorderasien nach Europa eingeführt, die vor allem in Frankreich in größerem Ausmaß angepflanzt wurden. Die Rosenzüchtung beruhte lange auf Zufallskreuzungen, sodass bis Ende des 18. Jahrhunderts nur 30–40 Sorten bekannt waren. Das änderte sich dramatisch, als aus China verschiedene Rosen mit neuen Eigenschaften eingeführt wurden. Nun wurde im großen Stil gezüchtet, gefördert auch durch einflussreiche Persönlichkeiten wie der ersten Frau Napoleons. Die Sortenzahl stieg bis 1850 auf ca. 5000–6000 Stück, von denen die meisten allerdings wieder verloren gegangen sind.

Rosen in der Kunst

Rosen waren auch schon immer beliebtes Motiv für bildliche Darstellungen. Die älteste bekannte stammt aus dem Palast von Knossos auf Kreta (17. Jh. v. Chr.). In Nordeuropa finden wir Rosenabbildungen vor allem auf Gemälden niederländischer und italienischer Maler der Renaissance und des Barock. Aber auch in der Architektur sind Rosenmotive verarbeitet, so zum Beispiel in den großen Fensterrosetten der gotischen Kirchen. Auch die Wappen vieler Geschlechter zieren Rosen. Am bekanntesten ist die weiße bzw. rote Rose im Wappen der englischen Adelshäuser von York bzw. Lancaster.

Rosen in der Literatur

Literarische Quellen reichen von Kräuterbüchern über Gedichte bis hin zu

Rosenkugeln

Diese traditionsreichen Kugeln sind zur Dekoration im Garten heute wieder sehr beliebt.

Romanen. Die ersten Erwähnungen von Rosen sind in Werken von Homer und anderen griechischen Dichtern zu finden, gefolgt von vielen römischen Schriftstellern der Kaiserzeit. Auch in der Bibel findet sie im Hohelied Erwähnung. Walafrid Strabo, der Abt der Insel Reichenau war, erwähnt im 9. Jh. die Rose in einem bekannten Gedicht, ebenso Hans Sachs, der dichtende Schuhmacher im mittelalterlichen Nürnberg. In der arabischen Welt des Mittelalters hatte die Rose einen sehr hohen Stellenwert in der Dichtung, vor allem Persien war als Rosenland bekannt. Das längste Rosengedicht stammt aus dem Frankreich des 13. Jahrhunderts, der sogenannte »Roman de la Rose«. Es umfasst 24 000 Verse und wurde von zwei Minnesängern geschrieben. Von den moderneren Schriftstellern und Dichtern sind es zum Beispiel Rainer Maria Rilke, Rose Ausländer, Gottfried Benn und Gertrude Stein, die Rosen thematisch verarbeitet haben.

Rosenkult und Rosenkultur

In antiken ägyptischen Gräbern wurden als Grabbeigabe auch Rosen entdeckt, und auch bei den Römern fanden sie als Grabschmuck sowie zu Opfer- und Totenfesten Verwendung. Im Rom der Kaiserzeit, vor allem unter Nero und Domitian, steigerte sich der Verbrauch an Rosenblüten derart, dass

Es gibt Rosen – hier Rosa pimpinellifolia 'Red Nelly', die sich mit sehr attraktiven Stacheln schmücken.

sogar aus Ägypten und Karthago Rosen importiert werden mussten. Bei unzähligen Festgelagen dienten sie den Reichen zum Bestreuen der Fußböden und Straßen und sogar zum Füllen von Betten. Es gab damals schon die Vorläufer von Treibhäusern, in welchen Rosen mittels warmem Wasser frühzeitig zur Blüte gebracht wurden. In der Geschichte hatte die Rose seit jeher vielseitige Symbolgehalte:

➤ Bei Griechen und Römern war sie Attribut der Göttin Aphrodite bzw. Venus – und damit Symbol von Liebe und Schönheit.

➤ Im Mittelalter wurde die Rose dann zum Symbol der Jungfrau Maria umgedeutet. Auf vielen Bildern sitzt sie in Rosenlauben oder hat Rosen in ihrer Nähe.

➤ Die Rose galt auch als Zeichen der Verschwiegenheit. An vielen Decken von Ratssälen und anderen Versammlungsräumen des späten Mittelalters findet man das Rosensymbol. Alles, was darunter besprochen wurde, sollte geheim bleiben.

➤ In volkstümlichen Bräuchen hat sich auch einiges aus dem Mittelalter erhalten. Die sogenannten »Rosenkugeln« aus farbigem Glas, die heute wieder viel verwendet werden, haben einen anderen Ursprung. Sie dienten in Gemüse- und Obstgärten dazu, mit den von ihnen erzeugten Lichtreflexen Vögel zu verscheuchen.

Rosen in Töpfen und Kübeln

Sorten für Kübel und Töpfe

Sorte	Höhe	Blütenfarbe Blütenform
Beetrosen		
'Bernsteinrose'	60 cm	kupfergelb; gefüllt
'Galaxy'	50–60 cm	creme mit rosa; gefüllt
'Leonardo da Vinci'	60–80 cm	kräftig pink; gefüllt
Edelrosen		
'Arioso'	60–80 cm	hell-lachsrosa; gefüllt
'Nostalgie'	80 cm	creme mit rot; gefüllt
Flächenrosen		
'Alba Meidiland'	60–70 cm	weiß; gefüllt
'Celina'	60–80 cm	hellgelb; halb gefüllt
'Lavender Dream'	60 cm	lavendelrosa; einfach bis halb gefüllt
Strauchrosen		
'Angela'	1,5 m	altrosa; halb gefüllt
'Eden Rose 85'	1,5 m	cremeweiß-rosa; gefüllt
Englische Rosen		
'Golden Celebration'	1,2 m	goldgelb; gefüllt
'Mary Rose'	1,2 m	kräftig rosa; gefüllt
Alte Rosen		
'Jacques Cartier'	1 m	kräftig rosa; gefüllt
'Rose de Resht'	1 m	purpurrot; gefüllt
Kletterrosen/Climber und Rambler		
'Kir Royal'	2–3 m	hellrosa; halb gefüllt
'Santana'	2,5 m	dunkelrot; gefüllt
'Super Excelsa'	3 m	kräftig karminrosa; gefüllt

Kübelrosen mit Partnern

Die Ton-in-Ton-Kombination wirkt durch die einfach blühende Rose und das Mexikanische Gänseblümchen (*Erigeron karvinskianus*) sehr natürlich. Sie können die Partner direkt in den Rosentopf einpflanzen (mindestens 40 cm Durchmesser!). Einfacher ist es aber, die Stauden und Sommerblumen in separate Töpfe zu pflanzen, so können auch unterschiedliche Ansprüche der Pflanzen berücksichtigt und die Komposition kann jederzeit geändert werden.

Hochstämmchen im Kübel

Stammrosen (im Bild 'Schöne Dortmunderin' und 'Schneeflocke') eignen sich sehr gut für kleine Balkone und Terrassen, da unter ihren Kronen noch Platz für andere Kübelpflanzen und Sommerblumen bleibt. Außerdem haben Sie die Blüten auf Augenhöhe, was Pflege und Duftgenuss erleichtert.

Wählen Sie für Hochstämmchen schwere Gefäße, damit sie nicht so leicht vom Wind umgerissen werden können.

*Mit diesen Rosen sind Sie mobil –
wechselnde Arrangements mit Stauden, Sommerblumen und Gehölzen
bieten viel Abwechslung.*

Kletterrosen in Töpfen

Kletterrosen bringen eine romantisch-verspielte Note auf die Terrasse. Kräftige, langtriebige Rambler wie 'Bobby James', die meistens auch nur einmal blühen, sind hier fehl am Platz. Sehr gut eignen sich hingegen öfter blühende, moderne Rambler wie 'Super Excelsa'. Auch einige Strauchrosen wie 'Abraham Darby' oder 'Eden Rose' können aufgebunden als kleine Kletterrosen dienen.

Die benötigten Kletterhilfen für die Rosen können im oder am Topf befestigt werden, dann bleibt das Ganze mobil.

Rosen im Zimmer

Mit den vielerorts angebotenen Topfröschen lassen sich ganzjährig rosig-romantische Arrangements für Wohnräume schaffen. Sie können mit ihnen Tischdekorationen für Feste zaubern, aber auch kurzfristig Blütenfarbe in Blumenfenster und Wintergärten bringen. Die abgebildete Terrakottaschale wirkt durch die einheitliche Bepflanzung mit den cremefarbenen Rosen klassisch-elegant und passt zu vielen Gelegenheiten. Gegenüber Schnittrosen haben Topfrosen den Vorteil längerer Haltbarkeit, wegen der mangelnden Lichtverhältnisse in Innenräumen müssen sie nach einiger Zeit jedoch wieder ins Freie, um sich zu erholen. Dies geht natürlich nur in der warmen Jahreszeit. Die meisten Topfröschen sind nämlich nicht winterhart und sollten daher wie Saisonblumen behandelt werden. Wenn Sie die Rosen kaufen, befinden sie sich meist in undekorativen Anzuchttöpfen aus Plastik, stellen Sie sie daher zuhause in farblich zu den Blüten passende Übertöpfe. Achten Sie beim Gießen darauf, dass kein Wasser darin stehen bleibt. Sie können natürlich auch größere Gefäße bepflanzen; entweder nur mit Rosen (wie auf obigem Bild) oder z. B. mit Grünpflanzen wie Efeu oder Farnen kombiniert.

Rosen zur Dekoration

Schnittrosen zum eigenen Anbau

Sorte	Blütenform	Blütenfarbe Duft
Edelrosen mit großen Einzelblüten		
'Berolina'	stark gefüllt	hellgelb Teerosen-Duft
'Caprice de Meilland'	halb gefüllt	magentarosa fruchtig-rosig
'Frederic Mistral'	stark gefüllt	hellrosa fruchtig-zitronig
Beetrosen mit mittelgroßen bis großen Blüten in Dolden		
'Bonica 82'	halb gefüllt	hellrosa
'Leonardo da Vinci'	stark gefüllt	dunkelrosa
Flächenrosen mit kleinen Blüten in Dolden		
'Alba Meidiland'	stark gefüllt	weiß
'Dortmunder Kaiserhain'	gefüllt	lachsrosa
Moderne Strauchrosen mit mittelgroßen bis großen Blüten in kleinen Dolden		
'Colette'	rosettig gefüllt	lachsrosa fruchtiger Duft
'Edenrose 85'	sehr stark gefüllt	weiß mit rosa fruchtiger Duft
'Polka 91'	gefüllt	bernsteingelb fruchtiger Duft
Englische Rosen mit nostalgischer Blütenform		
'Abraham Darby'	groß, stark gefüllt	rosa-gelb fruchtigwürziger Duft
'Gertrude Jekyll'	groß; stark gefüllt	kräftig pink sehr starker Duft
Alte Rosen mit rosettigen Blüten		
'Jacques Cartier'	groß; stark gefüllt	kräftig rosa starker Duft
'Königin von Dänemark'	kleine Dolden; mittelgroß; stark gefüllt	dunkles Rosa kräftiger Duft
Kletterrosen/Rambler mit mittelgroßen Blüten in kleinen Dolden		
'Alchymist'	stark gefüllt, rosettig	aprikot-rosa fruchtiger Duft
'New Dawn'	gefüllt, locker	hellrosa fruchtiger Duft

Blütenblätter zur Dekoration

Schon im Altertum dienten Rosenblätter zur Verschönerung von Festen aller Art. Streuen auch Sie z. B. farblich abgestimmte, frische Blütenblätter auf die festliche Tafel oder füllen Sie damit Schalen oder Eiskübel (Bild oben). Mit getrockneten Blüten lassen sich schöne Trockensträuße oder Kränze binden. Hängen Sie die Rosen zum Trocknen umgekehrt auf oder legen Sie sie in Silikatgel ein. Beliebt sind auch sogenannte Potpourris. Das sind Mischungen aus schönen und duftenden Pflanzenteilen, die in Schalen aufgestellt werden.

Duftsträußchen

Kleine Sträuße aus duftenden Kräutern und Rosen haben ebenfalls eine lange Tradition. In früheren Zeiten trug man sie etwa bei sich, um »schlechte Lüfte« und damit Krankheiten von sich fernzuhalten. Auch zur Übermittlung von Botschaften an verehrte Frauen dienten sie. Dabei hatte jede Blume eine bestimmte Bedeutung. Duftsträußchen sind auch heute noch ideale Mitbringsel bei Einladungen – lassen auch Sie sich von den Blüten in Ihrem Garten inspirieren.

Expertentipp
Verstärken Sie den Potpourri-Duft durch Zugabe von Rosenöl.

Expertentipp
Umwickeln Sie die Stielenden mit feuchtem Moos und Folie.

*Nutzen Sie die Blütenpracht Ihrer Rosen
auch zur Verschönerung der Wohnung – als Blütenblätterarrangement
oder als Strauß.*

Schwimmende Schönheiten

Die einfachste Form, Rosen dekorativ zu präsentieren, ist, die einzelnen Blüten in Vasen zu stellen oder in mit Wasser gefüllte Schalen zu legen. Für abendliche Feste ist auch die Kombination von Rosenblüten mit Schwimmkerzen (Bild oben) sehr schön. Verwenden Sie hierfür am besten voll erblühte Rosen gefüllter Sorten. Stellen Sie die Schalen z. B. auf den Esstisch oder zum Empfang der Gäste an den Eingang. Setzen Sie solch ein Arrangement nicht der direkten Sonne aus und bringen Sie es nachts an einen kühlen Platz.

Rosensträuße

Es erfordert schon einige Übung, Sträuße zu binden und sie so lange wie möglich frisch zu halten. Berücksichtigen Sie dabei folgende Punkte:

➤ Rosen frühmorgens schneiden.

➤ Stiellänge nicht über 30 cm.

➤ Die Blüten kurz vor der Entfaltung oder halboffen schneiden.

➤ Dornen und Blätter soweit entfernen, wie die Rosen nachher im Wasser stehen sollen.

➤ Stielende mit scharfem Messer lang und schräg anschneiden.

➤ Wasser in der Vase alle 1–2 Tage wechseln (ein Frischhaltemittel ist nicht unbedingt nötig).

➤ Vasen immer gut reinigen.

➤ Schlappe Blüten zur Erholung über Nacht in Wasser legen oder in Zeitung gewickelt tief in lauwarmes Wasser stellen und über Nacht kühl stellen. Oft reicht schon eine einzelne Blüte mit passendem Beiwerk für ein gelungenes Gebinde. Der abgebildete Herbststrauß bedient sich aus der letzten Gartenfülle und spiegelt in seinen warmen Farben die Töne der Natur wieder. Vor allem die vielgestaltigen Hagebutten sind zu dieser Jahreszeit ein haltbares Beiwerk für Sträuße und Kränze. Es lohnt sich, manche Sorten nur wegen ihrer dekorativen Früchte anzupflanzen.

Expertentipp
Für Anfänger ist das Stecken in Steckmasse gut geeignet.

Rosen kulinarisch

Hagebutten für kulinarische Zwecke

Name	Höhe Wuchsform	Blüte Frucht
Hundsrose *Rosa canina*	1,5–2,5 m bogig überhängend	hellrosa, einfach eiförmig, orangerot
Apotheker-Rose *Rosa gallica* 'Officinalis'	1–1,5 m buschig, aufrecht	karminrot, halbgefüllt kugelig rund
Kartoffel-Rose *Rosa rugosa* und Sorten	50 cm–2 m buschig, aufrecht	weiß, rosa, karmin, gelb, einfach gefüllt groß, flachkugelig
Apfel-Rose *Rosa villosa*	1–2 m aufrecht, buschig	karminrosa, einfach groß, kugelförmig,

Hagebutten für floristische Zwecke

Wildrosen und ihre Hybriden		
Rosa moyesii und Sorten	2 m breit, lockeraufrecht	blutrot, einfach groß, flaschenförmig, orangerot
Rosa multiflora	2,5–5 m breit, überhängend	weiß, klein erbsenförmig, rot, sehr zahlreich
Rosa pendulina 'Bourgogne'	1,5 m breitbuschig, überhängend	zartrosa, einfach ei- bis flaschenförmig, leuchtend rot
'Scharlachglut'	2,5 m stark, überhängend	samtig karminrot, einfach groß, orange

Beet-, Strauch-, Flächen- und Kletterrosen		
'Ballerina'	60–70 cm buschig, überhängend	weiß-rosa, einfach klein, orangerot
'Iga 83 München'	60–70 cm breitbuschig, aufrecht	karminrosa, halb gefüllt kugelig, orange
'Golden Wings'	1,5 m locker, breit	hellgelb, einfach orange, groß, rund
'Rambling Rector'	5–6 m stark, dichtbuschig	weiß, einfach, klein erbsenförmig, orangerot, zahlreich

Vielfältig zu nutzen: Hagebutten

Die Früchte von Wildrosen, die so genannten Hagebutten, dienen den Menschen schon seit Urzeiten als Nahrung. Sie sind sehr vitamin- und mineralstoffreich, vor allem der Vitamin-C-Gehalt der frischen Früchte ist sehr hoch. Hagebutten können ganz unterschiedlich aussehen, was Form und Größe anbelangt. Die Schalenoberfläche kann glatt, aber auch borstig behaart oder gar mit stachligen Auswüchsen besetzt sein. Im reifen Zustand sind die meisten orange bis rot (bei *Rosa pimpinellifolia* braunschwarz).

Die Reifedauer der Früchte ist auch sehr unterschiedlich, manche reifen noch während des Sommers und fallen ab, andere hängen bis zum nächsten Jahr am Strauch. Für eine kulinarische Verarbeitung sollten die Hagebutten geerntet werden, wenn sie voll ausgefärbt, aber noch nicht weich sind. Die Verarbeitung zu Fruchtmark oder Marmelade ist am beliebtesten, aber auch Liköre, Essig oder Tee aus getrockneten Schalen und/ oder Samen sind verbreitete Rezepturen.

*Genießen Sie Rosen nicht nur mit Augen und Nase –
das wunderbare Aroma von Früchten und Blüten lässt sich auch zu
köstlichen Speisen verarbeiten.*

Rosenblätter in der Küche

Auch die Blütenblätter werden seit alters her zu allerhand Essbarem verarbeitet. Vor allem in den arabischen Ländern hat dies Tradition. Neben Rosenblüten-Konfitüre und Sorbet werden sie auch Likören und Essigen zum Aromatisieren und als Zierde zugesetzt.

Rosenblütentee aus frischen oder getrockneten Blütenblättern wird eine blutreinigende Wirkung nachgesagt. Das aus den Rosen durch Destillation gewonnene Rosenwasser gibt echtem Marzipan und anderen Süßspeisen das typische Aroma.

Essbare Dekorationen

Mit Rosenblüten lassen sich viele Speisen verschönern, und Sie können die Dekoration sogar mitessen. Neben kandierten Blütenblättern, die zu Süßspeisen und Torten passen, können Sie mit ihnen z. B. bunte Eiswürfel für Longdrinks herstellen oder einen Fruchtsalat bestreuen.

Schön ist auch eine Rosen-Eiskuppel: Legen Sie eine Schüssel mit Rosenblüten aus (Gesicht nach unten), füllen sie mit Wasser auf und gefrieren das Ganze ein. Stürzen Sie die Kuppel auf eine Platte mit zerstoßenem Eis und machen Sie daraus den Mittelpunkt Ihrer Festtafel.

Rosenbowle

Eine Rosenbowle ist der Höhepunkt auf jedem Sommerfest. Das feine Rosenaroma verbindet sich unaufdringlich mit Weißwein und Sekt, das Ergebnis ist ein blumig-frisches Getränk. Geeignet sind alle stark duftenden Sorten wie z. B. 'Gertrude Jekyll' oder 'Jacques Cartier'. Pflücken Sie die voll entwickelten Rosen am Morgen, noch bevor es heiß wird, dann ist das Aroma am stärksten. Zupfen Sie die Kelchblätter ab, da sie manchmal bitter schmecken.

Zur Dekoration vor dem Auftragen können Sie noch frische Blütenblätter auf die Bowle geben.

Expertentipp
*Verwenden Sie als essbare Dekoration
nur ungespritzte Blütenblätter.*

Erklärung der Fachausdrücke

Einige der im Text genannten Fachausdrücke sind nicht jedermann geläufig, sie werden daher hier erklärt.

Absenker: Vermehrungsmethode, bei der Pflanzentriebe zur Bewurzelung am Boden befestigt werden.

ADR-Prüfung: Allgemeine Deutsche Rosenneuheitenprüfung, 1950 erstmals durchgeführt. Seit 1985 Widerstandsfähigkeit als Hauptkriterium.

Alte Rosen: Entweder zeitliches Einteilungskriterium für Rosen, die vor 1867 entstanden sind oder stilistische Einteilung nach Aussehen.

Anhäufeln: Winterschutzmethode, bei der die Erde an den Rosenstock herangezogen wird.

Auge: Wachstumspunkt an den Trieben.

Ausläufer: Unterirdische Austriebe aus dem Wurzelstock.

Blindtrieb: Trieb, der keine Knospen am Ende bildet.

Bodendeckerrosen: Richtiger Flächenrosen! Rosen, die meistens ausgebreitet wachsen und für flächige Bepflanzungen geeignet sind.

Bodenmüdigkeit: Nach mehrjähriger Kultur von Rosen auf einem Standort kümmern nachgepflanzte Rosen am gleichen Platz.

Brühe: Zubereitung von Pflanzenmaterial durch Überbrühen/Kochen für Pflanzenschutzzwecke.

Chlorose: Gelbfärbung der Blätter, meist auf Grund von Eisenmangel.

Climber: Kletterrosen; im Unterschied zu Ramblern meist öfter blühend, steiftriebiger und großblumiger.

Containerrosen: Rosen, die in Kunststofftöpfen kultiviert und verkauft werden.

Depotdünger: Gekörnte mineralische Dünger mit durchlässiger Harzhülle; die Nährstoffe werden langsam und temperaturabhängig abgegeben.

Einjährige: Pflanzen, die noch im Aussaatjahr blühen.

Einmal blühende Rosen: Rosen, die nur eine Blütezeit pro Jahr (meist im Frühsommer) haben.

Fiederblätter: Aus mehreren Einzelblättchen zusammengesetzte Blätter.

Fußstämme: Stammrosen mit 40 cm Stammhöhe.

Gründüngung: Aussaat spezieller Pflanzen zur Zwischenbegrünung von Pflanzflächen oder zur Bodenvorbereitung.

Hagebutten: Früchte der Rosen. Die sogenannten Nüsschen (Samen) werden von einem fleischigen Mantel umschlossen. Stark gefüllte Rosen setzen meist keine Früchte an.

Halbstämme: Stammrosen mit 60 cm Stammhöhe.

Hochstämme: Stammrosen mit 90 cm Stammhöhe.

Hybriden: Kreuzungen zwischen zwei Arten; Beispiel: *Geranium* x *cantabrigiense*, entstanden aus *Geranium macrorrhizum* und *Geranium dalmaticum*.

Immergrüne: Gehölze, die ihre Blätter nicht im Herbst abwerfen, sondern das ganze Jahr über erneuern.

Kaskadenrosen: Auf Stämme mit 140 cm Stammhöhe sind Ramblerrosen veredelt, deren Triebe stark überhängen, auch Trauerrosen genannt.

Kopfstecklinge: Stecklinge, die von Triebenden gewonnen werden.

Langzeitdünger: → Depotdünger

Mulchen: Abdeckung der Beetoberfläche mit organischem oder anorganischem Material.

Nachbaukrankheit: → Bodenmüdigkeit

Öfter blühende Rosen: Rosen, die von Frühsommer bis Herbst wiederholt blühen.

Okulation: Veredlungs- und Vermehrungsmethode; hierbei werden Knospen (Augen) von Edelsorten in Wildlingsunterlagen eingesetzt.

pH-Wert: Maß für den Säuregrad des Bodens; Werte zwischen 6,8 und 7,2 sind neutral, darunter sauer, darüber alkalisch.

Pikieren: Vereinzeln von Sämlingen, d.h. Sämlinge aus einem gemeinsamen Saatgefäß entnehmen und jeden z. B. in einen eigenen Topf verpflanzen.

Stacheln: Auf der Außenhaut der Triebe aufsitzende Auswüchse, die sich leicht abbrechen lassen (im Gegensatz zu Dornen, die aus dem Holzteil wachsen).

Stauden: Ausdauernde, mehrjährige Pflanzen, deren oberirdische, krautige Teile im Winter absterben.

Steckhölzer: Verholzte Triebstücke, die im Spätherbst oder im zeitigen Frühjahr zur Vermehrung geschnitten werden.

Stecklinge: Weiche oder wenig verholzte Triebstücke zur Vermehrung, hauptsächlich bei wurzelechten Flächenrosen und Topfrosen angewandt.

Teilstecklinge: Stecklinge ohne Triebende, d. h. aus dem mittleren Triebteil gewonnen.

Topfballen: Anzuchtform in kleineren Containern, v. a. für wurzelechte Rosen.

Totholz: Durch Krankheit, Frost oder Alter abgestorbene, nicht mehr austriebsfähige Triebe.

Unterlagen: Wildrosen, auf die veredelt wird; sie bilden später den Wurzelstock der Pflanze aus, die Edelsorte die oberirdischen Teile.

Veredlungsstelle: An dieser Stelle wird die Okulation am Wurzelhals der Wildlingsunterlage durchgeführt.

Wildtriebe: Bilden sich bei veredelten Rosen aus der Unterlage.

Wurzelballierte Rosen: Rosen, die mit Erdballen verkauft werden.

Wurzelechte Rosen: Rosen, die nicht veredelt, sondern durch Stecklinge vermehrt werden; sie wachsen also auf eigener Wurzel.

Wurzelhals: Übergangsstelle zwischen Wurzeln und oberirdischen Trieben.

Wurzelnackte Rosen: Rosen, die ohne Erdballen verkauft werden.

Zapfenstelle: Bei Hochstammrosen die Stelle am unteren Ende des Stämmchens, an der die übrigen Triebe der Unterlage zugunsten des späteren Stämmchens abgeschnitten wurden.

Zweijährige: Pflanzen, die nach der Aussaat im ersten Jahr nur Blätter bilden und erst im zweiten Jahr blühen.

Hilfreiche Adressen

Bezugsquellen

Deutschland

Rosen Jensen GmbH
Am Schloßpark 2b
24960 Glücksburg

ROSAROT Gert Hartung Pflanzenversand (Sortiment von BKN Strobel)
Besenbek 4b
25335 Raa-Besenbek

W. Kordes´ Söhne
Rosenstraße 54
25365 Klein Offenseth-Sparrieshoop

Rosen-Tantau
Tornescher Weg 13
25436 Uetersen

Rosen Noack
Im Fenne 54
33334 Gütersloh

Bioland-Rosenschule Ruf
Zum Sauerbrunnen 35
61231 Bad Nauheim-Steinfurth

Rosen-Union
Steinfurther
Hauptstraße 25
61231 Bad Nauheim-Steinfurth

Walter Schultheis Rosenhof
Bad Nauheimer Straße 3-7
61231 Bad Nauheim-Steinfurth

Udo Zuber-Goos
Alte Hohl 7
69168 Wiesloch-Baiertal

Rosen Hammer
Bei der Schleuse
74394 Hessigheim

Rosengärtnerei Kalbus
90518 Altdorf/Hagenhausen

Martin Weingart Rosenschule
Hirtengasse 16
99947 Bad Langensalza/Ufhoven

Siegfried Lohan
Fachgeschäft für Garten
Rastatter Straße 91
76199 Karlsruhe-Rüppurr

Österreich

Gärtner Starkl
Baumschulen
A-3430 Frauenhofen-Tulln

Schweiz

Richard Huber AG
Rothenbühl 8
CH-5605 Dottikon AG

Rosengärten und Rosarien

Deutschland

Ostdeutscher Rosengarten
Wehrinselstraße 43
03149 Forst

Europa-Rosarium Sangerhausen
Steinberger Weg 3
06526 Sangerhausen

Rosengärten im Stadtpark
Saarlandstraße
20249 Hamburg

Schaugarten der Rosenschule
Ingwer Jensen
Am Schloßpark 2 b
24960 Glücksburg

Strauchrosenpflanzung
Park Wilhelmshöhe
Wilhelmshöher Weg 37
34131 Kassel

Deutsches Rosarium VDR
Westfalenpark, Am Kaiserhain 25
44139 Dortmund

Rosengarten im Palmengarten
Siesmayerstraße 61
60323 Frankfurt

Schau-und Prüfungsgarten der
Rosen-Union
61231 Bad Nauheim-Steinfurth

Burg Hayn, Kräuter-und Rosengarten
63303 Dreieich

Europa-Rosengarten und Wildrosen-
garten Zweibrücken
66482 Zweibrücken

Gönneranlage
Ludwig-Wilhelm-Straße
76530 Baden-Baden

Rosenneuheiten-Garten Beutig
Moltkestraße
76530 Baden-Baden

Rosengarten im Stadtpark
Kaiserstraße 101
77933 Lahr

Rosenanlagen
78465 Insel Mainau

Rosensichtungsgarten Sachsenstraße
81541 München

Rosengarten im Sichtungsgarten
Blumenstraße 10
85354 Freising-Weihenstephan

Rosengarten am Anger
96450 Coburg

Österreich
Rosarium Baden
A-2500 Baden bei Wien

Rosengarten im Botanischen Garten
A-4020 Linz

Schweiz
Schaugarten der Rosenschule Huber
CH-5605 Dottikon-Rothenbühl

Barockgarten Schloß Heidegg
CH-6284 Gelfingen bei Luzern

Rosengarten in der Kartause Ittingen
CH-8532 Warth

Liebhabervereine

Deutschland
Verein Deutscher Rosenfreunde
Waldseestrasse 14
76532 Baden-Baden

Verein zur Förderung der Rosenkultur
des Bergischen Landes Solingen e.V.
c/o Renate Graumann
Mastweg 21
43249 Wuppertal-Cronenberg

Österreich
Österreichische Rosenfreunde
Parkring 12/III 1
A-1010 Wien

Schweiz
Gesellschaft Schweizer Rosenfreunde
Bahnhofstraße 11
CH-8640 Rapperswil

Rosen im Internet

Mittlerweile gibt es einige interessante
Links für Rosenfreunde im Internet.
Neben Websites von verschiedenen
Firmen sind auch nichtkommerzielle
Seiten zu finden, die Informationen
bereitstellen, sowie Diskussionsforen,
wo Sie sich mit Gleichgesinnten aus-
tauschen können. Einige gute Adressen
finden Sie über die Suchmaschine
www.google.de, wenn Sie »Rosen
Links« eingeben (deutsche Seiten).
Als Beispiel sei hier www.welt-der-
rosen.de genannt.

Bücher und Zeitschriften

Weiterführende Literatur

Austin, David: *Strauchrosen und Kletterrosen*. DuMont Verlag, Köln

De L´Aigle, Alma: *Begegnung mit Rosen*. Dölling und Galitz Verlag GmbH, Hamburg

Hensel, Wolfgang: *Gartenpraxis für Einsteiger*. Gräfe und Unzer Verlag, München

Hertle, Bernd/Kiermeier, Peter/Nickig, Marion: *Der große GU Pflanzen-Ratgeber Gartenblumen*. Gräfe und Unzer Verlag, München

Jacob, Anny/Grimm Wernt und Hedi/Müller, Bruno: *Alte Rosen und Wildrosen*. Ulmer Verlag, Stuttgart

Rau, Heide: *Rosen schnell & einfach*. Gräfe und Unzer Verlag, München

Simon, Herta/Becker, Jürgen/Nickig, Marion: *Das große GU Gartenbuch*. Gräfe und Unzer Verlag, München

Woessner, Dietrich: *Rosenkrankheiten und Schädlinge*. Ulmer Verlag, Stuttgart

Zeitschriften

Deutschland

FLORA
Gruner+Jahr AG & Co.
Postfach 11 00 11
20444 Hamburg

Gartenpraxis
Eugen Ulmer Verlag
Wollgrasweg 41
70599 Stuttgart

GartenZeitung
Deutscher Bauernverlag GmbH
Brunnenstraße 128
13355 Berlin

Kraut & Rüben
DLV Verlagsgesellschaft mbH
Lothstraße 29
80797 München

Mein schöner Garten
Burda Senator Verlag GmbH
Hauptstraße 130
77652 Offenburg

Österreich
Gartenmagazin
Zeitschrift der Österreichischen Gartenbaugesellschaft
Parkring 12
A-1010 Wien

Schweiz
Schweizer Garten
Zeitschrift der deutsch-schweizerischen Gartenbauvereine
CH-3110 Münsingen

Sorten- und Sachregister

Auf den mit * gekennzeichneten Seiten finden Sie eine ausführliche Beschreibung der jeweiligen Pflanze.
Die halbfett gesetzten Seitenzahlen verweisen auf Farbfotos und Farbzeichnungen.

Der Autor

Alois Leute ist gelernter Zierpflanzengärtner und Dipl. Ing. der Landespflege. Er arbeitete mehrere Jahre in Planungsbüros und ist zur Zeit in einer Garten- und Landschaftsbaufirma mit der Planung und Ausführung von Privatgärten beschäftigt. Mit seinen Lieblingspflanzen Rosen befasste er sich bereits in seiner Diplomarbeit. Zudem ist er seit vielen Jahren Mitglied im Verein Deutscher Rosenfreunde.

Die Fotografen

Angermayer: 36 u., 37 re. o., 37 re. u., 54 u.; Baumjohann: 24 re. u., Ilustrationen von Marlene Gemke. Becker: 60 re., 24 u., 40 u., 146 u., 116 o., 117 li., 117 mi., 132; BKN Strobel: 25 li.u., 25 mi., 25 re., 94 re.; Bornemann: 26, 27, 55 mi. o.; Borstell: U1, 6 mi., 7 o., 8/9, 10/11,12, 13, 15, 16 u., 19 u., 20/21, 30/31, 35, 39 o., 42/43, 47 re., 48, 50 u., 50 li., 52, 54 o., 55 o., 55 mi. u., 56/57, 57 re., 60, 63, 66 li., 68 mi., 70 li., 75 mi., 77 mi., 77 re., 80 mi., 81 li., 82 mi., 83 mi., 88 mi., 91 re., 96 re., 97, 98 li., 99 mi., 99 re., 100/101, 102/103, 105, 107, 108 u., 109 li., 111 mi., 112 li., 112u., 112, 113 mi., 117 re., 120, 121, 122 li., 123 li., 123 re., 124 re., 125 mi., 126 o., 127 mi., 127 re., 128, 129 li., 129 re., 130 o., 133 li, 133 mi., 136, 137 li., 137 mi., 138/139, 140, 141, 144 re., 145 re., 150, 152, U 4 o., U4 u.; Bünemann: 68 re.; Caspersen: 147 re.; Haas: 24 li., 41 li.o., 46 r., 47 li.; Hahnenstein: 19 o.; Henseler: 38 o., 39 mi. o., 39 u.; Jacobi: 122 u., 134 u.; Leute: 67 re., 84 re., 85 li., 88 re., 89 r., 91 mi., 95 li., 122 re.; Nickig: 7 u., 38 u., 40 li., 89 mi., 101 re. 124 li., 125 li., 125 re., 130 u., 142 re., 144 li., 147 mi.; Pforr: 39 mi. u.; PhotoPress/Rose: 126 u.; Redeleit: 19 mi. o., 19 u., 32, 33, 40 re., 46 re., 54 mi. o., 54 mi. u., 55 u., 109 mi., 110 li., 113 li., 123 mi., 127 li., 134 o.; Reinhard: U1 u., 28 u., 41 re., 67 mi., 69 re., 71 mi., 71 re., 74 mi., 75 li., 75 re., 76 re., 77 li., 80 li., 83 li., 83 re., 91 li., 94 li., 95 mi., 108 u., 111 re., 115 re., 129 mi., 131 li., 131 re., 133 mi., 135 mi., 143 li., 145 li., 146 o., 148 ; Sammer: 25 li. o., 41 mi., 44; Schneider/Will: 4/5, 7 re., 58/59, 61, 66 re., 68 li., 69 li., 70 re., 80 re., 81 li., 81 re., 82 re., 84 li., 85 mi., 88 li., 89 li., 90 li., 90 re., 94 mi., 96 mi., 98 re., 99 li., 104, 106, 109 re., 115 li., 118/119, 137 re.; Seidl: 66 mi., 67 li., 71 li., 85 re., 95 mi., 96 li., 113 re., 115 mi., U4 mi.; Skogstad: 6 u., 9 mi.; Stemmerich: 69 mi., Stork: 14, 22, 23, 24 re. o., 28 o., 29 li., 29 mi., 29 re., 34, 36 li., 36 re., 37 mi., 41 li .u., 46 u.; Strauß: 111 li., 116 u., 131 mi., 135 li., 135 re., 142 u., 142 li., 143 re., 147 li.; Strauß/GBA/Didillon: 110 re.; Strauß/GBA/GPL: 38 o. mi., 38 u. mi.; Strauß/GBA/Nichols: 45; Strauß/GBA/Noun: 37 li., 74 li., 74 re.; GBA/Perder: 76 li. 114; Wegler: U2/3, 64/65, 72/73, 78/79, 86/87, 92/93, 158/159 .

Dank

An dieser Stelle darf ich mich bei allen bedanken, die zum Entstehen dieses Buches beigetragen haben. Ein besonderes Dankeschön geht an Carlos Stemmerich, Hansjörg Haas und Artur Ferdinand für sorgfältiges Korrekturlesen sowie für wichtige fachliche Hinweise. Zu guter Letzt auch einen herzlichen Dank an Axel Schubert für seine vielfältige Unterstützung während meiner Arbeit an diesem Buch.

Das Original mit Garantie

Ihre Meinung ist uns wichtig. Deshalb möchten wir Ihre Kritik, gerne aber auch Ihr Lob erfahren. Um als führender Ratgeberverlag für Sie noch besser zu werden. Darum: Schreiben Sie uns! Wir freuen uns auf Ihre Post und wünschen Ihnen viel Spaß mit Ihrem GU-Ratgeber.

Unsere Garantie: Sollte ein GU-Ratgeber einmal nicht Ihren Vorstellungen entsprechen und einen Fehler enthalten, schicken Sie uns bitte das Buch mit einem kleinen Hinweis und der Quittung innerhalb von sechs Monaten nach dem Kauf zurück. Wir tauschen Ihnen den GU-Ratgeber gegen einen anderen zum gleichen oder ähnlichen Thema um.

GRÄFE UND UNZER VERLAG
Redaktion Haus & Garten
Stichwort: Rosengarten
Postfach 86 03 25
81630 München
Fax: 089/41981-113
e-mail: leserservice@
graefe-und-unzer.de

Impressum

© 2003, GRÄFE UND UNZER VERLAG GmbH, München. Alle Rechte vorbehalten. Nachdruck, auch auszugsweise, sowie Verbreitung durch Film, Funk, Fernsehen und Internet, durch fotomechanische Wiedergabe, Tonträger und Datenverarbeitungssysteme jeder Art nur mit schriftlicher Genehmigung des Verlages.

Redaktionsleitung:
Anne Hahnenstein
Lektorat: Sonnhild Bischoff
Umschlaggestaltung: independent Medien-Design, München
Layout: Christine Paxmann
Herstellung: Susanne Mühldorfer
Satz: Bernd Walser Buchproduktion, München
Reproduktion: Fotolito Longo, Bozen
Druck: Druckerei Appl, Wemding
Bindung: Großbuchbinderei Monheim
Printed in Germany

ISBN 3-7742-5617-9

Auflage	6	5	4	3
Jahr	2008	2007	2006	2005

Ein Unternehmen der
GANSKE VERLAGSGRUPPE

GU GARTENSPASS

Erfolgreich gärtnern – so gelingt's immer

ISBN 3-7742-3696-8
190 Seiten

ISBN 3-7742-2087-5
160 Seiten

*Das Erfolgsprogramm von GU für alle, die mit dem Gärtnern anfangen
oder Garten, Balkon und Terrasse verschönern wollen.*

WEITERE TITEL ZUM THEMA GARTEN:

➤ Gartenjahr für Einsteiger
➤ Wassergarten für Einsteiger
➤ Gärten gestalten
➤ Gartenblumen
➤ Zitruspflanzen – schnell & einfach

Gutgemacht. Gutgelaunt.